StyleCityTravel

NEW YORK

StyleCityTravel

NEW YORK

Mit über 400 Farbbildern und 7 Karten

SANDWICH W/ 7.9
PESTO MAYO 7.
HICKEN SALA
IOLI W/MARINARA
OLIVE TAPENA

Inhalt

Straßenweise

New Yorks Style-Adressen

Aus dem Englischen übersetzt von Tracey J. Evans
Redaktion: Sylvi Zähle
Korrektur: Dr. Michael Schenkel
Umschlaggestaltung: Caroline Georgiadis, Daphne Design
Satz: Carmen Marchwinski

www.christian-verlag.de

Die Originalausgabe mit dem Titel *StyleCity New York*
erschien erstmals in Großbritannien
bei Thames & Hudson Ltd, London

Serienkonzept und Redaktion: Lucas Dietrich
Text: Alice Twemlow
Fotos: Ingrid Rasmussen und Anthony Webb
Gestaltungs- und Kartenkonzept: The Senate
Design: Grade Design Consultants
Karten: Peter Bull

Druck und Bindung: C & C Offset Printing Co Ltd, China
Printed in China

ISBN 3-88472-602-1

HINWEIS
Alle Informationen und Hinweise, die in diesem Buch enthalten sind, wurden von den Autoren nach bestem Wissen erarbeitet und von ihnen und dem Verlag mit größtmöglicher Sorgfalt überprüft. Unter Berücksichtigung des Produkthaftungsrechts müssen wir allerdings darauf hinweisen, dass inhaltliche Fehler oder Auslassungen nicht völlig auszuschließen sind. Für etwaige fehlerhafte Angaben können Autoren, Verlag und Verlagsmitarbeiter keinerlei Verpflichtung und Haftung übernehmen.

Korrekturhinweise sind jederzeit willkommen und werden gern berücksichtigt.

Über dieses Buch

Dieser Travel-Guide stellt Ihnen die amerikanische Metropole in zwei großen Kapiteln vor: **Straßenweise** und **New Yorks Style-Adressen.**

Straßenweise orientiert sich an den Stadtvierteln und beschreibt Gebiete, die man im Laufe eines Tages zu Fuß erkunden kann. Dabei präsentiert es eine vielseitige Auswahl an Cafés, Läden, Restaurants, Museen, Veranstaltungsorten und Bars, die entweder noch wenig bekannt oder für die Umgebung charakteristisch sind. Vor jeder Empfehlung steht eine Zahl, die sich auf die Karte des Kapitels bezieht. Diese soll als Orientierung die Distanz zu bedeutenden Sehenswürdigkeiten veranschaulichen. Die Beschreibung der Empfehlungen im Kapitel folgt der Nummerierung in der Karte. **New Yorks Style-Adressen** stellt die besten und charakteristischsten Hotels **(Schlafen),** Restaurants **(Essen),** Cafés und Bars **(Trinken),** Boutiquen und Geschäfte **(Shopping)** und Ausflugsziele **(Raus aus der Stadt)** vor.

New Yorks Style-Adressen sind jeweils zwei Nummern vorangestellt: Die obere verrät die Buchseite der Umgebungskarte, auf der die Adresse zu finden ist, die untere die Nummer, mit der sie auf der Karte bezeichnet ist.

Man könnte einen Städtetrip zum Beispiel damit beginnen, aus **New Yorks Style-Adressen** ein Hotel auszuwählen. Nach der Ankunft hilft das entsprechende Kapitel in **Straßenweise** dabei, ein Plätzchen für einen Kaffee zu finden, und lenkt zugleich Ihre Aufmerksamkeit auf ein spannendes Museum in der Nähe. Nach dem Lunch möchten Sie sich vielleicht in einer besonderen Boutique aus dem Abschnitt **Shopping** umsehen. Sie suchen nach der Top-Adresse für ein denkwürdiges Dinner-Erlebnis? Ziehen Sie wieder das Kapitel in **Straßenweise** zurate und lassen Sie sich per Querverweis auf den Abschnitt **Essen** unter **New Yorks Style-Adressen** in ein außergewöhnliches Restaurant führen.

Zu jedem Eintrag ist die Adresse angegeben. Alle Einträge in alphabetischer Folge, komplett mit Adresse, Telefonnummer, E-Mail- und Internetadresse, finden Sie im Adressenverzeichnis am Ende des Buches.

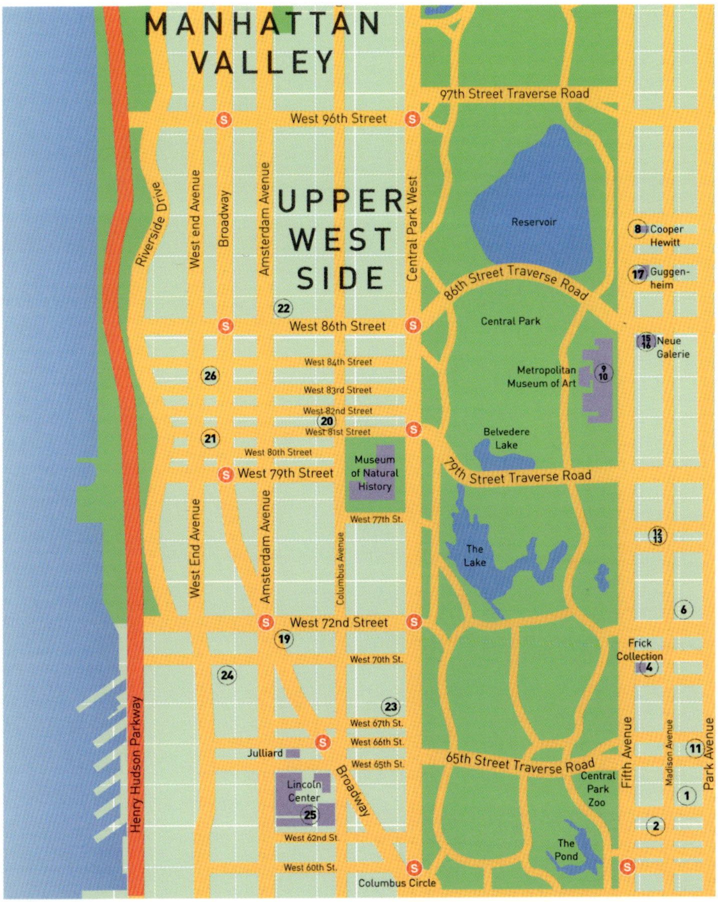

Legende

2 Empfehlung

Museum, Sehenswürdigkeit

Platz, Park

U-Bahn-Station

Straße

NEW YORK STELLT SICH VOR

Walt Whitman nannte New York in »City of Ships«: »Stolze und leidenschaftliche Stadt! Feurige, verrückte, zügellose Stadt!« Der Refrain in E. B. Whites treffendem Essay »Here is New York« aus dem Jahr 1949 ist »die fiebrige Erregung New Yorks«, und nicht umsonst gab der Architekt Rem Koolhaas seiner architektursoziologischen Analyse der Stadt den Titel »Delirious New York«. Der im Laufe ihrer Geschichte in den vielen literarischen, musikalischen und künstlerischen Reaktionen auf die Stadt stets wiederkehrende Hinweis auf ihre Besessenheit überrascht schwerlich: New York ist ebenso sehr Befindlichkeit wie geographischer Raum. Träume, Temperamente und Erwartungen – alles in dieser Büchse mit rund acht Millionen Sardinen ist überlebensgroß. Hier finden sich die dicksten Bagels, die schnellsten Taxis, die größten Einkommensunterschiede, die fettärmsten Milchkaffees. New York ist in der Tat eine Stadt der Superlative.

Im Gegensatz zu den meisten zeitgenössischen Metropolen kann Manhattan nicht expandieren und ein Ballungsgebiet bilden, denn zwei Flüsse beschränken seine Ausdehnung auf die Vertikale. Es kann nach oben wachsen und Satelliten in den Außenbezirken gründen, New Yorks eigentliches Wachstum aber findet in der vielschichtigen Faltung und Überlagerung in sich selbst statt. Die Spannung, die durch diese, wie Koolhaas sie nannte, »Kultur der Aufstockung« entsteht, ist zugleich Tugend und Laster New Yorks. Schöpfung und Zerstörung gehen in einer in ständiger Erneuerung begriffenen Stadt Hand in Hand. Ganz wie 1947, als der Architekt Le Corbusier schrieb: »New York ist keine fertige Stadt, es ist eine Stadt im Prozess des Werdens«, fährt die Stadt auch heute fort, sich selbst niederzureißen und wieder aufzubauen, in berauschender Geschwindigkeit neue Viertel zu erobern und zu erfinden, während sie andere verwirft. Die sichtbarste Baustelle ist gegenwärtig eine 65 Quadratkilometer große Fläche in Lower Manhattan, allgemein als Ground Zero bekannt. Dort nimmt die 540 Meter hohe Vision des in Polen geborenen und in der Bronx aufgewachsenen Architekten Daniel Libeskind Gestalt an.

Katalysatoren in diesem kreativen Kessel verschmelzender Ideen sind die Gastronomen, Clubveranstalter, Designer, Boutiquenbesitzer und Galeristen, die, nach Globalisierung drängend, beständig Druck auf die Grenzen der Stadtviertel und ihre kulturelle Lebensweise ausüben. Bei der Erneuerung eines Viertels ist der Übergang, in dem sich fieberhafte Renovierungen und der Alltag der Bewohner des Viertels reiben, die faszinierendste und energiegeladenste

Phase. Die »Vollendung« der Verwandlung einer Gegend ist immer auch ihr Grabgeläut. Luc Sante hat New York als Stadt beschrieben, in der »der Nabel der Welt und die Grenzen der Zivilisation nur wenige Blocks auseinander liegen. Und darin liegt ihre Energie.«

Auch wenn sich die Stadt oberflächlich ständigen Schönheitsoperationen unterzieht – Fassadenlifting für eine Weltmarkenboutique hier, eine Entziehungskur für die Drogenszene dort –, das Fundament des alten und fantastischen Gotham bleibt gegenwärtig. Nebelschwaden steigen aus den Kanaldeckeln auf und erinnern an das uralte Heizsystem der Stadt. An den Hauswänden erspäht man Farbreste alter handgemalter Werbeflächen. Im Sommer spielen Kinder in den Fontänen der Hydranten, als wären sie einer Fotografie von Weegee aus den 1930ern entsprungen, und über den Lüftungsschächten der U-Bahn fliegen auch heute noch die Röcke.

New York, und Manhattan im Besonderen, ist eine Fußgängerstadt: 21 Kilometer lang und (an der 14th Street) 4 Kilometer breit. Man kann Manhattan an einem Tag mehr oder weniger der Länge und der Breite nach durchqueren. Arten zu gehen gibt es viele: vom windschnittigen Marsch der leitenden Angestellten bis hin zum breitbeinigen Schlurfen der Kids aus der Lower East Side – eine eingeschränkte Bewegung, die dem Bedürfnis entspringt, die tief sitzenden Hosen am Herabrutschen zu hindern. Auch auf die Gefahr hin, einheimische Fußgänger zu verärgern, möchten Sie als Besucher der Stadt vielleicht eine besonders schöne Fortbewegungsart ausprobieren, die der Situationist Guy Debord 1958 entwickelt hat: Das »Driften« bzw. »die Technik des raschen Durchschreitens wechselnder Umgebungen« ist immer noch eine überlegene Methode, die »psychogeographischen Konturen« der Stadt in sich aufzunehmen. Lösen Sie sich von den Einschränkungen des Lebens. Folgen Sie Ihrem Instinkt. Lassen Sie den Blick nach oben schweifen, und erlauben Sie sich, Gespräche zu belauschen.

Auf den folgenden Seiten finden Sie außergewöhnlich gestaltete Umgebungen und Erlebnisse, die typisch für New York sind und auf unkonventionelle Weise stilvoll. Sie reichen vom klassischen Saloon aus dem 19. Jh. mit Sägemehlboden und Spucknapf in der Ecke über jüdische Feinkostläden und Steakhäuser mit Gasbeleuchtung, die dem Sog ständiger Stadterneuerung widerstanden haben, bis hin zu eleganten Lounges, schicken Cafés, erlesen ausgestatteten Boutiquen und höchst zeitgemäßen, als »Bastions of Cool« gefeierten Hotels. Wenn es eine verbindende Geste im eklektischen Spektrum überschäumender Tummelplätze und verfeinerter Oasen der Ruhe in New York gibt, dann ist es Extravaganz. Extreme Extravaganz.

Straßenweise

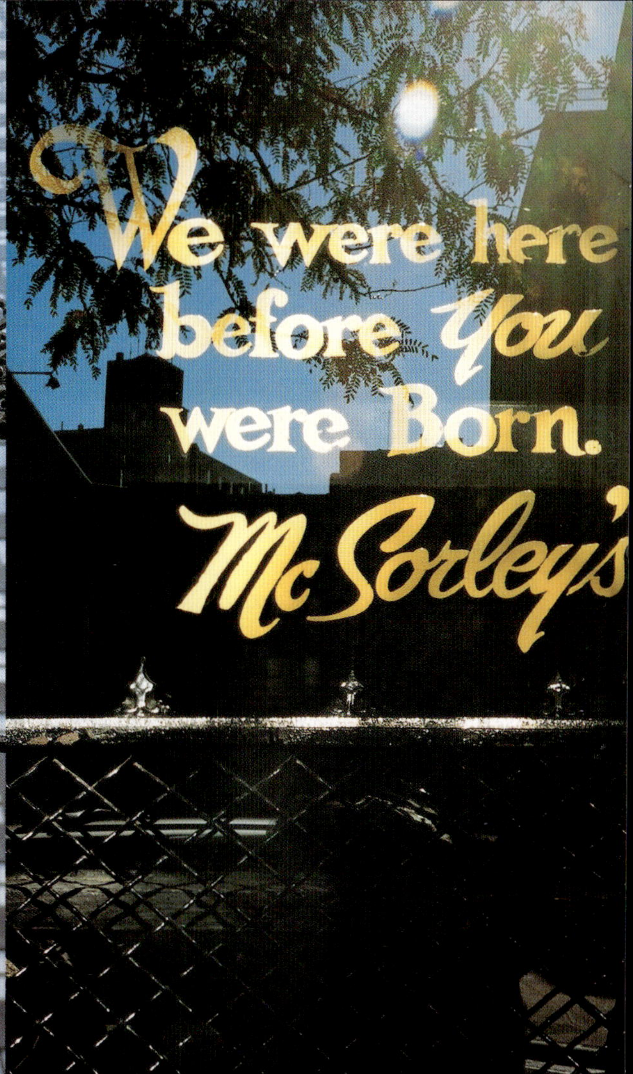

Tribeca • China Town • Little Italy • Nolita • Soho • Noho • Chelsea • Meat Packing District • West Village • Gramercy Park • East Village • Lower East Side • Lower Manhattan • Midtown • Upper East Side • Upper West Side • Harlem • Williamsburg • Long Island City • Park Slope • Smith Street • Fort Greene

Tribeca
China Town
Little Italy
Nolita
Soho
Noho

EAST VILLAGE
WEST VILLAGE
GREENWICH VILLAGE
NOHO
NOLITA
SOHO
LITTLE ITALY
CHINATOWN
TRIBECA
CIVIC CENTER
Washington Square Park
Washington Square
Duane Park
West Eighth Street
East Eighth Street
Fifth Avenue
Avenue of the Americas (Sixth Avenue)
Seventh Avenue South
Broadway
Lafayette Street
Fourth Avenue
Third Avenue
Bleecker Street
West 4th Street
East 4th Street
West 3rd Street
Bond Street
Thompson Street
La Guardia Place
Mercer Street
West Houston Street
East Houston Street
Prince Street
Spring Street
Kenmare Street
Broome Street
Grand Street
Canal Street
Howard Street
Walker Street
Franklin Street
Leonard Street
Worth Street
Thomas Street
Duane Street
Bayard Street
Park Row
Greenwich Street
Hudson Street
Varick Street
Dominick Street
Watts Street
Laight Street
North Moore Street
Harrison Street
West Street
West Broadway
Wooster Street
Greene Street
Crosby Street
Cleveland Place
Mulberry Street
Mott Street
Elizabeth Street
Bowery
Church Street
Centre Street
0,5 Kilometer

Typisch für New York sind seine sich ständig wandelnden Stadtteile, und nirgends ist dieses Auf- und Verblühen sichtbarer als in den Vierteln unterhalb und in der Umgebung der Houston Street.

Auf der Flucht vor den steigenden Mieten in Soho kamen in den späten 1970ern Künstler in das Fabrikviertel, das man heute Tribeca (Triange Below Canal) nennt, und verwandelten seine Cast Iron Buildings (Gebäude mit Gusseisenfassaden aus dem späten 19. Jh.) in Wohnlofts. In den folgenden zwei Jahrzehnten erwarben Prominente, unter ihnen Robert De Niro, gewaltige Lofts in den Cast Iron Buildings, und die Bevölkerung nahm rasch zu. Bald zogen schicke Lokale nach, und heute ist die Gegend völlig etabliert. Es gibt eine Vielzahl von Einrichtungshäusern und Geschäften mit Architekturantiquitäten, wo Freunde des kreativen Recyclings alles vom Weihwasserbecken bis zum historischen Türbeschlag finden, sowie einige Modeboutiquen.

Der plötzliche Übergang von einer Nachbarschaft in die nächste innerhalb nur eines Blocks verblüfft stets aufs Neue. Gerade sind Sie noch durch ein Meer aus roten Plastiktüten gewatet – Markenzeichen der Lebensmittelgeschäfte in China Town –, und im nächsten Moment streift Sie der Duft von Salami und Kaffee, der aus einem der verbliebenen italienischen Feinkostläden dringt. In Little Italy atmen nur noch wenige Orte die historische Vergangenheit des Viertels. Der Nolita (North of Little Italy) genannte Bezirk hat die höchste Konzentration an Boutiquen und europäisch angehauchten Bars. Die Läden schossen in den 1990ern aus dem Boden und ersetzten im Handumdrehen eine ganze sizilianische Gemeinde. Nolita bezeichnet mehr als nur ein geographisches Gebiet, es ist der Inbegriff modebewusster Lebensart.

Von den 1970ern bis in die Mitte der 1990er, als Ladenketten nachzogen, die Mieten nach oben drückten, Habitués vertrieben und die interessanten Läden und Galerien an die Peripherie drängten, war Soho (South of Houston Street) Nabel der New Yorker Kunstszene. Auch wenn Sohos wilde Tage vorüber sind, die Schönheit der Cast Iron Buildings mit dem Zickzack ihrer Feuerleitern, die Buckelglasfenster im Pflaster, durch die Licht in die Lagergewölbe unter der Straße dringt, Straßenzüge aus belgischem Backstein und die Graffiti-Spuren der Erben von Jean Michel Basquiat lassen immer wieder das Eindringen der internationalen Markenwelt vergessen.

Östlich der Einkaufszeile, am unteren Broadway und nördlich der (North of) Houston Street, liegt die kleine, noch fast unverdorbene Oase Noho. Ihr plakativstes Aushängeschild: die Bond Street. Die Erdgeschosse der Lagerhäuser mit ihren schönen Fassaden aus dem 19. Jh. werden großenteils wieder – wie einst vorgesehen – als Ladenräume genutzt.

GEMISCHTWARENLADEN IM STREET-STYLE

1 Steven Alan

165

DESIGN AM PULS DER ZEIT

2 Totem

71 Franklin Street

Der Laden ist Teil eines Imperiums, zu dem eine von dem Designer Karim Rashid gestaltete Galerie in Soho, ein Magazin und ein Internet-Fernsehsender gehören. Die Partys des Stars auf dem New Yorker Spielfeld zeitgenössischen Designs werden regelmäßig gestürmt. Totem präsentiert rund 30 Gestalter und Hersteller aus Europa und den USA. Die Anregung zu seiner Geschäftsidee holte sich Gründer David Shearer in einem Gespräch mit der Designerin Ray Eames über Totems, die sie und ihr Mann Charles als Souvenirs von Reisen mitbrachten und die ihre Arbeit beeinflussten.

BRASSERIE IN EDLEM ROT

3 Bouley

120 West Broadway

Vier Meter hohe halbmondförmige Bogenfenster, Leuchter an niedrigen Gewölbedecken im Stil von Guastavino und blutrote Wände liefern die stimmungsvoll-dramatische Kulisse für David Bouleys kulinarische Inszenierungen. Der zum Fünf-Gänge-Probemenü gereichte Appetizer trägt den klangvollen Namen »Return from Chiang Mai«. Ihm folgen geeister Maine-Hummer, Mango, Artischocken, Serrano-Schinken, Passionsfrucht und frische Kokosnuss an Tamarinden-Dressing.

GROSSSTADTIDYLL

4 Duane Park

Kreuzung Duane und Hudson Street

Inmitten einer geschäftigen Kreuzung in Tribeca überrascht ein grünes Dreieck durch Schönheit und Ruhe. Der zweitälteste öffentliche Park in New York wird durch die aktive Hilfe der Nachbarn erhalten. Sie kümmern sich liebevoll um das wichtige historische Erbe und frischen es mit Neuanpflanzungen auf. Diese Oase im Herzen von Tribeca ist ein guter Ort, um sich die detailreichen Backsteinfassaden der umliegenden Häuser anzusehen und sie in Ruhe auf sich wirken zu lassen.

LICHTER DER GROSSSTADT

5 Odeon

141

ZEITLOS ELEGANT

6 Chanterelle

146

MODEWELLEN

7 Tribeca Issey Miyake

119 Hudson Street

Das Geschäft im Parterre eines Cast Iron Building führt Miyakes Damen- und Herrenlinien, seine experimentelle A-POC-Mode sowie die Duft- und Accessoires-Kollektion. Bestimmendes Element der Raumgestaltung ist eine Tsunami-Welle aus Titan. Für die Metallkonstruktion griff Frank Gehry auf Techniken zurück, die er beim Guggenheim Museum in Bilbao eingesetzt hatte. Die Wogen und Kurven harmonieren auf das Schönste mit den unkonventionellen Kreationen des Modeschöpfers.

NOUVELLE UND TROTZDEM BEWÄHRT

8 Théo

325 Spring Street

Ein »modern American bistro«, erweitert um eine Lounge im Obergeschoss, das ist die jüngste raffinierte Versuchung des umtriebigen Bar-, Restaurant- und Hotelunternehmers Jonathan Morr. Hinter den großflächigen Fenstern des ehemaligen UPS-Gebäudes aus den 1940ern hat Frederique Gormand eine Raumlandschaft aus glänzendem schwarzem Holz, Glaskacheln und cremefarbenen Objekten komponiert. Die Speisekarte konzentriert sich auf Nouvelle Comfort Food – eine frische Interpretation bewährter Verwöhnkost wie Makkaroni, Ravioli mit Fontina-Käse oder Fish 'n' Chips – und eine breite Palette von Appetithäppchen.

KUNST IM HANGAR

9 Ace Gallery

275 Hudson Street

Auch wenn das gigantische Lagerhaus mit den weißen Wänden westlich und abseits des Galeriebezirks von Chelsea und Soho liegt, es ist einen Umweg wert. In unregelmäßigen Abständen sind hier platzintensive und komplexe Installationen von Künstlern wie Issey Miyake, Richard Serra und Tim Hawkinson zu sehen. Allein für eine Lasershow des Japaners Hiro Yamagata waren 30 Techniker am Werk: Sie installierten in der 2300 Quadratmeter großen Galerie ein Gitterraster mit holographischen Mylar-Tafeln und hingen motorbetriebene Spiegelwürfel auf, die dann bei der Show in Intervallen Strahlen von Hightech- und Glasfaserlasern brachen.

WAREN AUS DEM LAND DER MITTE

10 Pearl River Mart

277 Canal Street

Dieses chinesische Kaufhaus erstreckt sich über drei Etagen, voll gestopft mit Waren, die das Spektrum von exotisch und schick bis praktisch und unentbehrlich abdecken. Stürzen Sie sich in das Gewimmel aus Großmüttern auf der Jagd nach elektrischen Reiskochern und hippen jungen Frauen, die Accessoires für ihre Boutiquen in Nolita suchen. Stöbern Sie nach Tai-Chi-Schuhen, perlenverzierten Flipflops, Jacken mit Drachenstickerei, Papierwaren und leuchtend bunt bemalten Teeschalen aus Porzellan – hinein ins Vergnügen!

OFFEN FÜR NEUES

11 Storefront for Art and Architecture

97 Kenmare Street

Die 1993 von Steven Holl und Vito Acconci als Forum für innovative Architekturideen und -praxis gestaltete Galerie sprengt räumliche Grenzen. Die unterschiedlich großen Platten in der Betonfassade drehen sich um vertikale und horizontale Achsen. Sie lassen sich zur Straße hin öffnen – ein Paradebeispiel für wandelbare Architektur. Die interessanten, ständig wechselnden Lichtverhältnisse machen besonders die Fotoausstellungen in der Galerie zum Erlebnis.

LA DOLCE VITA

12 Caffé Roma

154

GESELLSCHAFTSCLUB DER PATEN

13 Mare Chiaro

158

UNTERGRUNDSZENE

14 Double Happiness

173 Mott Street

In seinen früheren Leben war das Double Happiness bereits ein zwielichtiges italienisches Lokal, eine Flüsterkneipe und eine zweifelhafte Schwulenbar. Heute ist die Kellerbar, zusammen mit dem neu eröffneten Happy Ending in der Broome Street, stimmungsvoller Rahmen für eine Schar schöner Menschen, die an Martinis mit grünem Tee, der Spezialität des Hauses, nippen. Ein riesiger Abakus teilt als Fenster die Bar in zwei Bereiche, und unter den offenen Backsteinbögen des Gewölbes verteilen sich unterschiedlichste Sitzgelegenheiten.

KLASSISCH CHINESISCH

15 Peking Duck House

28 Mott Street

Die Einrichtung ist ungewohnt minimalistisch für ein Chinarestaurant. Haben Sie sich aber erst den Schalen mit knuspriger Ente, Stapeln von hausgemachten Pfannkuchen und der Hoisin-Sauce nach Art des Hauses zugewandt, werden Sie für Ihre Umgebung ohnehin keinen Blick mehr haben. Dank der Hausregel, die es erlaubt, den eigenen Wein mitzubringen, kann eine größere Gruppe hier für 15 Dollar pro Kopf gut essen.

DINNER MOVIE

16 Screening Room

157

MUSIKLEGENDE

17 Knitting Factory

74 Leonard Street

New Yorks legendäres Versuchslabor für musikalische Experimente ist ein Labyrinth aus Räumen und Bars auf vier Etagen. Hier finden allabendlich entweder ein Filmfest, ein Jazzkonzert im Tap Room, eine Lesung von Hip-Hop-Gedichten oder Auftritte von Künstlern wie Sonic Youth oder Carl Craig statt. Der Bühnensaal, der nur 250 Besucher fasst, ist eine tolle Location, um junge, erfolgsverdächtige Bands zu erleben.

HOTELBAR DER ANDEREN ART

18 Church Lounge

Tribeca Grand Hotel, 2 Sixth Avenue

Statt in ein Restaurant lädt das Tribeca Grand (s. S. 132) zum entspannten Speisen in einer der vielen über das Atrium verteilten gemütlichen Sitzecken ein. Abends ist die linke Seite der dreieckigen Bar und besonders die etwas privatere Chambers Lounge Mittelpunkt des Geschehens. Das DJ-Programm ist gleich bleibend gut – Gäste am Plattenteller sind unter anderem die Stars der Eighteenth Street Lounge, Thunderball und Blue States.

LOBBY DER MACHT

19 Tribeca Grand Hotel

132

KAFFEEKULTUR

20 Café Gitane

146

340199

謝謝光臨
WELCOME

AFÉ LEBOWITZ
ALBANESE
MEATS & POULTR
ELIZABETH ST
NE WAY
TO-GO
HABANA
ELICIOUS FOOD NE

FEMININE FINESSE

21 Mayle

173

HANDGEARBEITETE HEMDEN

22 Seize sur Vingt

171

ERINNERUNG AN LITTLE ITALY

23 Albanese Meats and Poultry

238 Elizabeth Street

Der als Nolita (North of Little Italy) bekannte Nordteil von Little Italy wird im Osten durch die Bowery Street, im Westen durch die Lafayette und im Norden durch die Houston Street begrenzt. Das sehenswerte Metzgereigeschäft Albanese Meats and Poultry als Relikt aus Tagen, in denen die Nachbarschaft noch eine rein sizilianische Enklave war, ist Ausgangspunkt für eine spannende Erkundungstour durch die trendig-bunte Warenwelt von Nolita. Vor allem in der Mott, Mulberry und Elizabeth Street haben sich hübsche kleine Boutiquen mit sorgfältig ausgewähltem Angebot niedergelassen.

SCHMUCK FÜR STARS

24 Me & Ro

169

BRENNPUNKT NOLITA

25 Café Habana

17 Prince Street

Wenn es Ihnen gelingt, in dem lebhaften Ecklokal einen Tisch zu ergattern, sollten Sie es sich gemütlich machen und den schönen Menschen von Nolita zusehen. Auf der Karte stehen schmackhaft-würzige Mittagsgerichte der mexikanischen und kubanischen Küche. Ein paar Schritte weiter gibt es bei Habana To Go, dem Ableger des Cafés, die leckeren Maiskolben, die man hier in Chilipulver und geriebenem Cotija wälzt und mit Limonensaft beträufelt, auch als Snack für unterwegs.

MÄNNLICH-TRENDIG

26 Unis

226 Elizabeth Street

Handbemalte Tapete aus Bananenblättern schmückt die Wände (die Tapete gibt es an der Theke auch zu kaufen), die Musik ist genau richtig, und die Auswahl an T-Shirts, Jacken und Hosen sehr stylish. Die winzige Boutique für Männermode ist ein echter Leckerbissen.

GUT BESCHUHT

27 Sigerson Morrison

164

WIENER CAFÉ IM NEW YORKER STIL

28 Café Lebowitz

14 Spring Street

Dieses Eckbistro wird, anders als seine Nachbarn Gitane und Habana, noch nicht von superschlanken, mit Einkaufstüten von Calypso bepackten Modegazellen frequentiert. Der schwarz-weiße Fliesenboden und die osteuropäisch angehauchte Karte erinnern an ein Wiener Café. Das Café Lebowitz ist das jüngste Werk von Brian McNally und seinem Bruder Pete. Am Nachmittag, wenn das Bistro am familiärsten ist, können Sie bei Kaffee und Strudel die beiden Jungunternehmer beim Rundgang durch ihr Reich beobachten.

LIFESTYLE-COCKTAIL

29 Language

238 Mulberry Street

Das brasilianische Paar Lipe Midieres und Ana Abdul hält in seinem bezaubernden Laden für Lifestyle-Bewusste einen Cocktail aus Büchern, Gebrauchsgegenständen und Mode bereit. Die Zutaten sind internationale Marken wie Stella McCartney, Lucien Pellat-Finet und Tufi Duek, außerdem – eine der Entdeckungen im vielseitigen Angebot – Handtaschen von Courrèges.

SAKE-SPEZIALISTEN

30 Chibi's Sake Bar

155

ERLESENES SECONDHAND

31 INA

21 Prince Street (Damen), 262 Mott Street (Herren)

INA ist die zivilisierteste Art, Designermode Secondhand zu kaufen. Die Atmosphäre ist deutlich kultivierter als im überfüllten Kaufhaus Century 21, das ebenfalls hochwertige Marken zu reduzierten Preisen führt. Im INA finden Sie Designerkleidung, Accessoires und Schuhe in einwandfreiem Zustand – einige sind Musterstücke. INAs formuliertes Ziel ist es, »nur auszuwählen, was in Mode ist, von Leuten, die in Mode sind, für Leute, die in Mode sein wollen«. Mischen Sie sich unter das junge Volk von Nolita, und kramen Sie in den Regalen, in denen sich Modelle von Marken wie Helmut Lang, Prada, Vivienne Westwood und Kors stapeln.

EINE COOLE ADRESSE IN SOHO

32 60 Thompson

118

AUF ENTDECKUNGSREISE

33 Kate Spade Travel

175

THIS IS A MAN'S WORLD

34 Jack Spade

170

»VISIONAIRE« GALERIE

35 Visionaire

11 Mercer Street

Die kleine Galerie veranstaltet erlesene Shows und reflektiert die kreativen Prozesse hinter dem unregelmäßig und in limitierter Auflage erscheinenden Magazin *Visionaire.* Diese Haute-Couture-Zeitschrift von Stephan Gan, Cecilia Dean und James Kaliardos hat vielfältige Gestalt angenommen und Koryphäen aus Mode, Kunst und Design zur Mitarbeit angeregt. So enthielt z. B. die Ausgabe *Love* sehr persönliche Beiträge von Modeschöpfern, Sängern und Schriftstellern, unter ihnen Björk, Matthew Barney, Mario Testino, Philip Treacy, Jonathan Safran Foer. Zusammengehalten wurde *Love* von einer schwarzen Seidenkordel mit einem Herz aus Sterlingsilber – ein Entwurf von Elsa Peretti, der legendären Schmuckgestalterin von Tiffany & Co.

INBEGRIFF DER BRASSERIE

36 Balthazar

80 Spring Street

Auch wenn Ihre Zeit vielleicht nicht für die mehrstöckige Platte mit Schalentieren in dieser Kult-Brasserie reicht, Sie sollten sich das Balthazar von innen ansehen – und sei es nur auf ein Croissant in der angrenzenden Patisserie oder eine Schale Café au Lait in der Bar. Inhaber Brian McNally setzt auf rote Lederbänke, altersblinde Spiegel und Wandfarbe mit Raucherpatina, um seinem Restaurant mit 180 Tischen das Aussehen eines französischen Bistros zu verleihen. »Ich hatte kein bestimmtes Restaurant in Frankreich vor Augen, das ich imitieren wollte«, erklärt er, »aber es gab Details und Erlebnisse in einer Vielzahl von Restaurants, die mir in Erinnerung geblieben sind.« Das Balthazar ist – neben Prada, Dean and Deluca, den Auslagen von Pleats Please und der Toilette der Bar 89 – eines der modernen Wahrzeichen von Soho, die man gesehen haben muss.

POESIE IN GOLD UND KERAMIK

37 Ted Muehling

27 Howard Street

Eine Gelegenheit, Schönheit und kunsthandwerkliches Können zu würdigen, bietet der Besuch in dem minimalistischen, galerieähnlichen Laden von Ted Muehling. Anregen lässt sich der Designer durch organische Formen wie Muscheln, Steine, Korallen, Beeren oder Eier. Diese führt er in seinen plastischen Schmuckobjekten miniaturisiert in gebürstetem Gold oder fein gehämmertem Metall aus. Die zierlichen Keramiken, die Muehling entwirft, entstehen in der Münchner Porzellanmanufaktur Nymphenburg. Muehling präsentiert seine Arbeiten zusammen mit den dekorativen Objekten von Gabriella Kiss, Lee Hale und Stephan Allendorf in schlichten hohen Glasquadern.

SPECIAL EFFECT

38 Bar 89

89 Mercer Street

Es meldet sich ein dringendes Bedürfnis? Steuern Sie die Bar 89 an! Der hohe Hauptraum setzt mit Glas und Stahl auf minimalistische Wirkung. Die Cocktails sind stark und groß, die Kleinigkeiten auf der Speisekarte sehr ansprechend. Die eigentliche Sensation in der Bar 89 aber sind ihre stillen Örtchen in der ersten Etage. Die Türen der Unisex-Toiletten sind nämlich durchsichtig, und erst, wenn man sie schließt, wird das Glas undurchsichtig.

KUNST UND PRAXIS IM EXPERIMENT

39 Artists Space

38 Greene Street, 3. Etage

Artists Space, ein Pionier des »Alternative Space Movement«, bezog 1972 Stellung – mit der Gründung eines gemeinnützigen Vereins zur Unterstützung von Gegenwartskünstlern, gegen die Abhängigkeit der Kunst von Kunstinstitutionen. Heute ist die Galerie eine der wenigen Flächen, die sich um die Auslotung der dynamischen Wechselwirkung zwischen Kunst und praktischer Arbeit in Gestaltung, Video, Performance und Architektur bemüht. Die Ausstellung *Infotecture* etwa untersuchte im Sommer 2002, wie Designer und Architekten mit Information umgehen, und stellte unter anderem Projekte von Foundation 33, Diller + Scofidio und dem Bureau of Inverse Technology vor. In seiner 25-jährigen Geschichte hat Artists Space Werke von mehr als 5000 aufstrebenden Künstlern gezeigt.

TOILETTES
BOULANGERIE

BALTHAZAR
CAFÉ
SPÉCIALITÉS DE VINS

MINIMALISTISCHER EINBLICK

40 Donald Judd House

101 Spring Street

Der Erzdiakon des Minimalismus, der Möbeldesigner und Künstler Donald Judd (1928–1994), erwarb dieses fünfstöckige Gebäude an der Nordostecke der Kreuzung Spring und Mercer Street im Jahre 1968. Heute kümmern sich Judds Nachlassverwalter um das 1870 errichtete Eisenskelettgebäude. Durch die Fenster im Parterre sehen Sie neben Werken von Carl Andre und Dan Flavin – zwei Künstler, deren Arbeiten Judd sammelte – auch einige von Judds eigenen Objekten. Es mag enttäuschen, dass das Gebäude nicht zugänglich ist, aber zumindest gelangt man deutlich leichter dorthin als nach Marfa in Texas – eine Kleinstadt, die Judd in eine Kunstinstallation verwandelte.

SKATER-FASHION ULTRAHIP

41 Supreme

274 Lafayette Street

Folgen Sie den Skateboardern in den frechen kleinen Laden, wo man neben T-Shirts, Sweatshirts und Schuhen von Goodenough, DC Shoes, Analog, Burton, Gravis, Girl und Chocolate auch das hauseigene Label bekommt. Die Videowand, grafische Boardgestaltungen von Futura und eine Ausstellung von Decks verleihen dem Laden das Ambiente einer Kunstgalerie. Weitere hippe Skater-Outfits findet man in der gleichen Straße bei Triple Five Soul (Hausnummer 290) oder X-Large (Nummer 265).

INNOVATIVE KUNST

42 New Museum of Contemporary Art

583 Broadway

Das New Museum ist ein intelligent geführter Ausstellungsraum im Herzen von Soho. In seinen Ausstellungen untersucht es Schlüsselmomente in der Entwicklung der Gegenwartskunst und der neuen Medien in ihrem sozialen und kulturellen Kontext. 2003 waren zum Beispiel *Super-ficial: The Surfaces of Architecture in a Digital Age* und *Living Inside the Grid* zu sehen. Der Buchladen im Souterrain pflegt ein ausgezeichnetes Sortiment an Publikationen zu Kunst und Gestaltung, einschließlich Monographien, Ausstellungskatalogen und Zeitschriften, aber auch Multiples und Grafiken in limitierter Auflage von Künstlern wie Rob Pruitt, Christian Boltanski, William Kentridge, Bruce Nauman und Andres Serrano.

KUNSTWELT

43 Deitch Projects

76 Grand Street
18 Wooster Street

Jeffrey Deitch organisiert in seinen Räumen in Soho einige der ambitioniertesten Präsentationen innovativer Kunst, Gestaltung und Musik. Mit Freunden wie Vanessa Beecroft, Fischerspooner, Chris Johanson, Barry McGee, Mariko Mori und dem Nachlass von Keith Haring hat der experimentierfreudige Galeriebesitzer einen Künstlerkreis von internationalem Rang zur Verfügung, um Shows zusammenzustellen, die auch die gelangweilte Elite der New Yorker Kunstwelt verzaubern. *Session the Bowl* – eine nierenförmige Halfpipe voller Skater – vom Künstlerkollektiv Simparch ist ein Beispiel für Performances und Installationen, die man im parkhausähnlichen Raum in der Wooster Street erleben kann. Die intimere Galerie in der Grand Street hat ein reguläres Ausstellungsprogramm.

MERCBAR

GANZ WIE ZU HAUSE

44 The Apartment

101 Crosby Street

Sie haben das Gefühl, Ihr Hotelzimmer entfernt Sie von der Lebensweise Ihrer Zeitgenossen in der Stadt? Machen Sie einen Abstecher ins The Apartment, wo man sich wie zu Hause fühlen kann. Die Inhaber Gina Alverez und Stefan Boublil haben den zweistöckigen Lifestyle-Shop wohnlich aufgeteilt: in Büro, Wohnzimmer, Küche, Schlafzimmer, Badezimmer und Wandschrank. Einfallsreiche Lampen von Didier Chaudanson, Tractor-Chair-Stühle von Freecell oder die witzigen Reitermützen von Kenyan Lewis – Sie finden jedes Stück im entsprechenden Zimmer. Und wenn Sie Appetit bekommen: In der Küche gibt es Kaffee und Snacks.

FLÜSTERKNEIPENFLAIR

45 Fanelli's

94 Prince Street

Bereits seit 1847 serviert das Fanelli's in seinem unnachahmlich sachlichen Stil Speisen und Getränke. Die urwüchsige und für das Zentrum von Soho so untypische Bar hat den Sturm der Modeszene, der über die Prince Street hinweggefegt ist, überstanden. Bob, der Bartender, ist pensionierter Preisboxer, er hat der schlagkräftigen Kunst eine Wand mit Originalfotos von Kämpfen und Boxern aus dem frühen 20. Jh. gewidmet.

HOHE KUNSTARCHITEKTUR

46 Prada

170

BERGHÜTTE IN SOHO

47 Merc Bar

151 Mercer Street

Mit einem farbenfrohen »Vacation« in der Hand – dem Spezialdrink der Bar, in Pink, Grün oder Blau erhältlich – können Sie es sich auf einer Brokat-Ottomane oder auf der langen Rindsledercouch in diesem Klassiker unter den Soho-Bars bequem machen. Der Glanz des rustikalen, aber gemütlichen Lokals im Stil einer Berghütte ist angenehm verblichen – wie eine gut abgetragene Jeans. John McDonald gehört neben der Merc Bar auch das von Marc Newson gestaltete Kellerlokal Canteen um die Ecke. McDonald ist Herausgeber der neuen Gazette für Essen, Mode und Design, *City NY*, einem schicken Blatt, das sich als amerikanische Antwort auf die britische Trendikone *Wallpaper** versteht.

MAMA UND PAPA HINTER DER THEKE

48 Vesuvio Bakery Shop

160 Prince Street

Vielleicht kennen Sie die winzige Bäckerei aus den 1920ern von ihren zahllosen Auftritten in Werbung und Film, unter anderem in *Herr der Gezeiten*. Anthony Dapolito, lokales Unikum und Schlüsselfigur in Soho, führt den Familienbetrieb noch immer. Auch wenn fast alle Familienunternehmen in Soho dem Verdrängungswettbewerb gewichen sind, in Vesuvios Schaufenstern mit den goldenen Schriftzügen liegen immer noch frische hausgemachte italienische Brote und Tarellas (Pfeffergebäck).

EIN KILOMETER MESSING

49 The Broken Kilometer

393 West Broadway

Der Anblick der 500 auf Hochglanz polierten Messingstäbe, die der Landschaftskünstler Walter de Maria präzise in fünf parallelen Reihen ausgelegt hat und die aneinander gelegt genau einen Kilometer lang sein würden, ist ein seltsam erhebendes und inspirierendes Erlebnis.

DUFTLABOR

50 Helmut Lang Perfumerie

81 Greene Street

Das von Gluckman Mayner Architects für Helmut Lang gestaltete Geschäft schafft eine passend kantige Laborumgebung für die Duftlinie des minimalistischen Modeschöpfers. Der schmale Eingang wird durch eine LED-Installation von Jenny Holzer betont. Sie läuft über die gesamte Länge des Innenraums am oberen Rand der emaillierten Stahlwand entlang.

MODESUPERMARKT

51 Kirna Zabete

164

ERDIG

52 The New York Earth Room

141 Wooster Street

Die Landschaftsskulptur des amerikanischen Künstlers Walter de Maria besteht aus 190 Kubikmetern schwarzem Mutterboden mit einem Gewicht von 127 000 Kilo. Die Erde ist in einem Loft in Soho aufgehäuft. Entstanden ist das Werk 1977.

MODERNSTE TECHNIK

53 Apple Store

103 Prince Street

Sie möchten Ihre E-Mails checken? Lassen Sie die längst nicht mehr angesagten Internetcafés und deren Gebühren links liegen. Schauen Sie stattdessen im Apple Store vorbei, und loggen Sie sich auf einem der neuesten Computer von Apple ein. Neben dem Aufgebot an topmodernen Digitalkameras, iPods und Mac-Zubehör gibt es in dem blendend weißen Raum – einer Kreation von Bohlin Cywinski Jackson und Ronette Riley – die so genannte »Genius Bar«, wo technische Fragen beantwortet werden, sowie ein Amphitheater, in dem Workshops und Vorführungen stattfinden.

DESIGNMUSEUM

54 Moss

167

JAPANISCHES SOBA-RESTAURANT

55 Honmura An

170 Mercer Street

Das japanische Restaurant in einem Loft in Soho ist für seine hervorragenden Sobanudeln bekannt. Sie werden täglich frisch aus direkt vom Erzeuger bezogenem Buchweizen hergestellt und, begleitet von zahlreichen Dips, in ansprechenden Lackdosen serviert. In einer berühmten Besprechung der New York Times verlieh die Restaurantkritikerin Ruth Reichl dem Haus drei Sterne – eine Bewertung, die bis dato noch kein ethnisches Lokal erreicht hatte. Die stille Heiterkeit des Aufgangs und die Zen-Elemente, wie in Becken treibende Blüten und sich bis unter die Decke verflechtende Zweige, sind das Werk des Architekturbüros Yui and Bloch Design.

NÄCHTLICHES VERSTECK

56 Submercer

Unter dem Mercer Hotel, 147 Mercer Street

Eine ganze Etage unter dem Kellerrestaurant Mercer Kitchen im noch immer glanzvollen Mercer Hotel versteckt sich ein winziger Nachtclub, dessen Anspruch um einiges größer ist als sein Fassungsvermögen von nur 35 Personen. Ein wahres Vergnügen ist es, den Club zu finden. Gehen Sie durch die unscheinbare Tür neben dem Restaurant, und folgen Sie dem schmalen Gang. Er führt in einen kleinen, verliesartigen Raum mit roter Beleuchtung und kuscheligen Winkeln.

HONMURA AN

VESUVIO BAKERY 160

FIGURINE
DAVID GRUBBS
ACT FIVE, SCENE ONE
GASTR DEL SOL
CROOKT, CRACKT, OR FLY
DAVID GRUBBS
THE COXCOMB
DAVID GRUBBS
THE SPECTRUM BETWEEN
AMING LIPS
$13.99
GRUBBS/GUSTAFSSON
APERTURA

LOUIS SULLIVAN IN NEW YORK

57 Bayard Building

65 Bleecker Street

Der amerikanische Meisterarchitekt Louis Sullivan entwarf in New York nur ein einziges Gebäude: das Bayard. Den besten Blick auf den 12-stöckigen Bau hat man von der Ecke Houston und Crosby Street. Die Art, wie Sullivan vorgehängte Terrakottafassaden einsetzte, um den Stahlrahmen des Gebäudes zu betonen, ist ein klassisches Beispiel für den Stil, den er maßgeblich beeinflusst hat: die Chicagoer Schule.

GRÜNE OASE

58 Liz Christy Garden

Nordostecke der Kreuzung Houston und Bowery Street

Der Arbeit der Aktivistin Liz Christy, der Green Guerillas und eines 30-köpfigen Teams von Helfern verdanken die Besucher und Bewohner von Noho eine überraschend weitläufige grüne Oase auf der Nordostseite der Houston Street. Ein Wildblumenbiotop, ein Trauerbirkenhain und Hunderte von blühenden winterharten Pflanzen gehören ebenso dazu wie ein Bienenstock und ein Teich mit Fischen und Rotwangen-Schmuckschildkröten. Der Liz Christy Garden wurde als erster Gemeinschaftsgarten New Yorks 1973 gegründet.

GLAMOURSZENE DER ACHTZIGER

59 B-Bar

158

HISTORISCH-HÄUSLICH

60 Merchant's House Museum

29 East 4th Street

Das Reihenhaus aus dem Jahr 1832 ist eines der schönsten noch existierenden Beispiele spätgeorgianischer und neoklassizistischer Architektur. Das einzige im Stil des 19. Jhs. erhaltene private Heim New Yorks – es war Wohnhaus des wohlhabenden Kaufmanns Seabury Tredwell und seiner vielköpfigen Familie – steht in einem Viertel, das damals als das vornehme Uptown der Stadt galt. Drei Etagen des faszinierenden Gebäudes sind heute für Besucher geöffnet. Auf Nachfrage erläutern die engagierten Führer auch gern die Details der formellen Empfangszimmer: identische Kamineinfassungen aus schwarzem und gelbgoldenem Marmor, ein atemberaubender Kaminschirm mit ionischen Doppelsäulen und Schiebetüren aus Mahagoni, die einzelne Räume voneinander trennen. Lassen Sie sich den Garten hinter dem Haus nicht entgehen! Das wunderschöne, weltentrückte Refugium wurde nach Vorgaben aus dem 19. Jh. restauriert.

ACCESSOIRE-TEMPEL

61 Bond 07

168

SCHICKES SUSHI

62 Bond Street

137

AVANTGARDE-PERFORMANCES

63 Joe's Pub

425 Lafayette Street

Joe's Pub ist der ungebärdigere Ableger des Joseph Papp Public Theater. (Ein interessantes Detail: Die kühnen typographischen Plakate an der Fassade des Public Theater stammen von der Grafikerin Paula Scher von Pentagram Design.) Die moderne Kombination aus Kabarett und Lounge präsentiert Avantgardemusik, darunter Rockopern mit den Sängern von They must be Giants und Hedwig, aber auch Theaterperformances wie den Shakespeare-Abend mit Steven Berkoff. Die jeden Abend stattfindenden DJ-Partys locken zur Afterhour eine hippe Gesellschaft von nicht immer eindeutigem Geschlecht, dafür aber mit reichlich verwegenen Haarschnitten an.

DJ-PARADIES

64 Other Music

15 East 4th Street

Manhattans anerkannt bester Plattenladen hat einen Vorrat an nicht kategorisierbaren Musikrichtungen auf Lager, die ganz unkonventionell nach In, Out, Electronica, La Decadanse, Krautrock, Groove, Psychedelia und Then geordnet sind. Hier bekommt man fast alle ultraheißen Konzertkarten. Auch ein Blick auf das hauseigene Veranstaltungsprogramm lohnt sich: Im Laden treten Musiker wie DJ Shadow, Yo La Tengo, Jim O'Rourke, Tinderstick und Mouse on Mars auf.

WODKATEMPEL

65 Temple Bar

159

Dave's
QUALITY
VEAL
=425=

Chelsea
Meat Packing District
West Village

CHELSEA
MEAT PACKING DISTRICT
WEST VILLAGE
SOHO
US Post Office
Madison Square Garden
Penn Stn.
Chelsea Park
Chelsea Market
Twelfth Avenue
Eleventh Avenue
Tenth Avenue
Ninth Avenue
Eighth Avenue
Seventh Avenue
Sixth Avenue
Seventh Avenue South
West 33rd Street
West 32nd Street
West 31stStreet
West 30thStreet
West 29th Street
West 28th Street
West 27th Street
West 26th Street
West 25th Street
West 24th Street
West 23rd Street
West 22nd Street
West 21st Street
West 20th Street
West 19th Street
West 18th Street
West 17th Street
West 16th Street
West 15th Street
West 14th Street
West 13th Street
Little West 12th St.
West 12th Street
West 11th Street
West 10th Street
West 9th Street
West 8th Street
Gansevoort Street
Horatio Street
Jane Street
Washington Street
Greenwich Street
Bank Street
West 11th Street
Hudson Street
West 4th Street
Bleecker Street
Greenwich Avenue
Christopher Street
Bedford Street
Barrow Street
Commerce St.
West Street
Barrow Street
West Houston Street
0,5 Kilometer

Chelsea verdankt seinen Namen dem britischen Captain Thomas Clarke. Er zog sich nach ruhmreichem Kampf gegen Franzosen und Indianer 1750 aufs Land zurück und benannte seinen Besitz nach dem Veteranenkrankenhaus in London. Nur 100 Jahre später hatte Clarkes Enkel das Gebiet bereits als frühes Modell eines Vorortes erschlossen – mit Alleen und eleganten Brownstones. Als man durch Landgewinnung dem Fluss den Boden für drei weitere Avenues abrang, breiteten sich dort Hafenanlagen, Speicherhäuser und Mietskasernen aus, und es entstand, im krassen Gegensatz zu dem Wohnviertel Ost-Chelsea, das Industriegebiet West-Chelsea. Obwohl im Lauf der Jahre riesige Apartmenthäuser wie das London Terrace (1930) und öffentliche Wohnungsbauprojekte (1960er) errichtet wurden, gibt es im östlichen Teil von Chelsea Blocks, die seit viktorianischer Zeit fast unverändert geblieben sind. Das Industriegebiet allerdings unterzog man – nach dem Einzug zahlreicher hochkarätiger Kunstgalerien aus Soho – einer gewaltigen Sanierung. Heute kann sich Chelsea nicht nur der weltweit höchsten Dichte an Galerien für Gegenwartskunst rühmen – im »White Cube«, den Blocks zwischen Tenth und Eleventh Avenue und 20th und 26th Street –, es besitzt auch schöne Beispiele für die gelungene Zweckentfremdung von alten Fabrikgebäuden. Chelseas lebendige Schwulenszene spiegelt sich im Charakter vieler Restaurants, Clubs und Geschäfte, die bis spät in die Nacht geöffnet sind.

Südlich und westlich von Chelsea liegt der Meat Packing District, seit den 1930ern Sitz des Fleischgroßhandels. Bis in die späten 1990er, als erste Designerboutiquen und Restaurants in das Viertel eindrangen, waren seine Kopfsteinpflaster bei Tag das Revier kräftiger Fleischpacker und bei Nacht der Laufsteg transsexueller Prostituierter. Heute sind kaum mehr 30 Fleischgroßhändler in der Gegend tätig.

Setzen Sie Ihren Spaziergang Richtung Süden fort und folgen Sie dem abknickenden Straßenraster im West Village. Niedrige Häuser im georgianischen und im neoklassizistischen Stil, Parks und Geschäfte verleihen dem West Village Kleinstadtflair. Greenwich Village, einst Treff von Lebenskünstlern und Intellektuellen, später die Wiege der Frauen- und Schwulenbewegung, ist inzwischen eine kommerzialisierte Touristenfalle. Halten Sie sich für Erkundungstouren an die westlichen Ausläufer des Village, die Hudson Street und Bleecker Street kreuzen.

Im Rahmen des Uferausbaus jenseits des West Side Highway hat man die verfallenen Hafendämme saniert. Ein Spazierweg verläuft über die gesamte westliche Länge von Süd-Manhattan – zur Freude von Radfahrern, Rollerbladern und Joggern.

GAGOSIAN GALLERY

BLÜHENDES GEWERBE

1 Flower District

West 28th Street, zwischen Sixth und Seventh Avenue

Man nimmt den Duft wahr, lange bevor der Abschnitt der 28th Street zwischen Sixth und Seventh Avenue in Sicht kommt. Seit den 1870ern, als Blumen bei der Oberschicht in Mode kamen, war diese Straße die Heimat der New Yorker Blumen- und Pflanzengroßhändler. Heute ist das Karree der kleinste und am stärksten gefährdete der verbliebenen homogenen Gewerbebezirke der Stadt. Die Händler dehnen ihre Auslagen auf die Bürgersteige aus, die so zu Mosaiken mit Weizengraskübeln und riesigen Kisten bunt gemischter Tulpen werden. Selbst wenn die Zeit fehlt, sich mit Dekorateuren, Floristen und anderen Pflanzenfans in die winzigen Läden zu drängen – schon ein Spaziergang zwischen 4.30 und 12 Uhr ist ein olfaktorisches und visuelles Erlebnis.

MONUMENTALWERK

2 Gagosian Gallery

555 West 24th Street

Als Reaktion auf die junge Liebe der Kunstwelt zu Chelsea zog Großgalerist Larry Gagosian im Jahr 2000 aus Soho in die West 24th Street um. Mit einer kreativen Spielfläche von 1860 Quadratmetern in einem Fabrikgebäude ist Gagosians Galerie die größte kommerzielle in Chelsea. Einer der Ersten, der die Proportionen des von Gluckman Mayner Architects gestalteten Raumes auslotete, war Richard Serra mit seinen *Torqued Ellipses,* vier Meter hohen und teilweise mehr als doppelt so langen Stahlskulpturen. Nicht nur Achtzigerjahre-Stars wie David Salle und Larry Poons stellen bei Gagosian aus, sondern auch junge britische Künstler wie Damien Hirst, Jenny Saville oder die Chapman-Brüder.

OP-ART-CLUB

3 Centro Fly

45 West 21st Street

Das Centro Fly, benannt nach einem Mailänder Kaufhaus, ist der Tanzpalast der angesagten Szene. Gewaltige schwarz-weiße Op-Art-Grafiken, Disco-Globen, die sich unter verspiegelten Bögen drehen, weiße Lederbänke und mit Teppich ausgelegte Lounges – so interpretiert die Designerin und Mitinhaberin Sally Bennett das Disco-Thema für Centro Fly. Junior Sanchez ist Stammgast in der DJ-Kanzel, in der sich die Meister des Electronic Beat reihenweise die Ehre geben. Der Hauptraum fasst bis zu 1000 Partyfreunde.

VINTAGE AMERICANA

4 Annex Antiques Fair and Flea Market

Sixth Avenue, zwischen 24th und 26th Street

Für typisch amerikanische Möbel, Vintage-Mode und -Schmuck und eine sehr gute Auswahl an schrägem Trödel gehen Sie in die Sixth Avenue, wo sich am Wochenende an der Kreuzung 26th Street eine bunte Schar von Antiquitäten- und Trödelmärkten versammelt. Bei Sonnenaufgang haben Sie noch die Qual der Wahl, die Schnäppchen gibt es bei Sonnenuntergang. In der Gegend sind viele Hotdog-Verkäufer unterwegs, die stilvollere Erfrischungspause gibt es im Antique Café, 101 West 25th Street (zwischen Sixth und Seventh Avenue).

KREATIVES ZENTRUM

5 Starrett Lehigh Building

601 West 26th Street

Yasuo Matsui und Russel G. & Walter M. Cory erbauten dieses gigantische Fabrikgebäude 1931. Es wirkt fast wie ein Ozeandampfer der Art moderne, der am Ufer des Hudson festsitzt. Der Blick von außen auf die Bogenzwickel aus Backstein und die umlaufenden Fensterfronten ist so eindrucksvoll wie die Aussicht, die man aus dem Gebäudeinneren auf den Hudson hat. Das Starrett Lehigh in Chelseas Westen ist ein Wahrzeichen der Moderne. Vor ein paar Jahren zogen scharenweise dot.com-Firmen ein – und rasch wieder aus. Geblieben ist Martha Stewart, Lifestyle-Ikone der US-amerikanischen Hausfrau, mit ihrem Fernsehstudio, außerdem Screaming Media, die Agentur des 2002 verstorbenen Werbegurus Jay Chiat, sowie eine Reihe von Kunstgalerien und ein Buchladen mit Seltenheitswert. Mit dem Aufzug im Gebäude wurden früher Güterwaggons bewegt, jetzt wird er von FedEx-Transportern genutzt.

RAUMFORSCHUNG

6 Henry Urbach Architecture

526 West 26th Street, 10th floor

Erklärtes Ziel des ausgebildeten Architekten Urbach ist es, in seiner Galerie ein »Labor für die Erforschung von Natur und Potenzial zeitgenössischen Raums« zu erschaffen. Neueste Ergebnisse: eine Ausstellung von Aufnahmen, die Richard Barnes von Ted Kaczynskis Berghütte gemacht hat, und die Traumbeschreibungen des experimentellen Architekten Lebbeus Woods. Zu den experimentellen Architekturbüros, die Urbach vertritt, gehören Diller + Scofidio und LOT/EK, die auch den Galerieraum entworfen haben.

PIONIER IM KUNSTBEZIRK

7 Matthew Marks Gallery

523 West 24th Street

Marks war der maßgebliche Pionier im Kunstviertel von Chelsea. 1994 verlegte er seine Galerie aus einer Wohnung in der Madison Avenue in eine Krankenwagengarage an einer kargen und – sieht man von den Taxifahrern ab, die ihre Wagen hier waschen – verlassenen 22nd Street. Heute teilt er sich eine stillgelegte Messerfabrik in der 24th Street mit Barbara Gladstone und vertritt unter anderem Nan Goldin, Gary Hume, Fischli/Weiss, Roni Horn und Andreas Gursky.

MINIMALISTISCHE GALERIE

8 Luhring Augustine

531 West 24th Street

Die minimalistische Galerie – auch sie ein Konzept von Gluckman – wurde 1985 von Lawrence R. Luhring und Roland J. Augustine gegründet. Interessant ist ein Blick in das imposante hintere Büro, wo wichtige Transaktionen abgeschlossen werden. Ihren festen Platz in der Kunstszene hat sich die Galerie mit kritischen monographischen Werkschauen von Marcel Duchamps (1987), Gerhard Richter (1995) und Donald Judd (1999) erkämpft. Sie präsentiert außerdem kontinuierlich deutsche Maler wie Günther Förg und Sigmar Polke, internationale Fotografen und Konzeptkünstler wie Sophie Calle, Robert Gober und Rachel Witheread. Die amerikanische Kunst wird durch Larry Clark, Paul McCarthy, Christopher Wool und Janine Antoni vertreten.

SCHNÄPPCHENJAGD IN KASCHMIR

9 Barneys Co-op

162

GAUMENFREUDEN EN GROS UND EN DETAIL

10 Chelsea Market

75 Ninth Avenue

Die Nabisco-Fabrik war die Geburtsstätte des beliebtesten amerikanischen Kekses: des Oreo Cookie. Inzwischen hat sich das Gebäude in eine Markthalle verwandelt. Das Halleninnere teilen sich Spezialitätenhändler, die nicht nur Groß-, sondern auch Privatkunden bedienen. In den oberen Etagen haben Medienfirmen Einzug gehalten. Architekt Jeff Vandeberg und Sanierer Irwin Cohen schufen, indem sie Fabrikelemente – Zahnräder, Rohre und Maschinen – als skulpturale Objekte erhielten, eine heiter-spielerische Atmosphäre.

LUHRING AUGU
HOND

KANTINE DER KUNSTLIEBHABER

11 Bottino

246 Tenth Avenue

Nach einem Abend mit Vernissagen, Kuratoren, Künstlern und Kunsthändlern versammelt sich die Szene von Chelsea an ihrer beliebtesten »Futterkrippe«. Die herrliche toskanische Küche befriedigt den Gaumen und befreit den Geist, der sich dann so kritischen Streitfragen wie der Zukunft der Landschaftsmalerei in der Praxis der Gegenwartskunst zuwenden kann. Auf der Karte stehen fünfzehn offene Weine und Gerichte wie Bocconcini aus frischem Mozzarella, Thunfisch-Carpaccio oder Bresaola-Schinken mit Rucola. Zur Mittagszeit empfiehlt sich ein Tisch auf der Veranda, sie ist eine der schönsten Freiluftoasen in der Stadt.

KUNSTWERK BUCH

12 Printed Matter

535 West 22nd Street

Printed Matter Inc. ist die größte gemeinnützige Einrichtung der Welt zur Förderung von Künstlerpublikationen in buchähnlichen Formaten. Nach vielen Jahren in Soho hat Printed Matter sein Lager – limitierte Auflagen von Kunstdrucken, Büchern, Zeitschriften und Objekten, die die Grenzen zwischen Buch und Kunstwerk verwischen – in größere Räume im Herzen des Kunstviertels von Chelsea verlegt. Obwohl sich die Buchhandlung nach wie vor auf Künstlerbücher von zum Beispiel Sol LeWitt (einer der Mitbegründer von Printed Matter), Lawrence Weiner und Ed Ruscha konzentriert, beschäftigt sie sich neuerdings auch mit moderneren Interpretationen des Genres Buch wie Videobändern, CD-ROMs und Multiples, außerdem mit Ausstellungskatalogen und Monographien.

KUNST VOM ARCHITEKTEN

13 Max Protetch Gallery

511 West 22nd Street

Protetch interessiert sich nicht nur für Werke, die die konventionellen Grenzen der künstlerischen Arbeit sprengen, er ist auch auf Zeichnungen von Architekten spezialisiert. Seit dem Umzug seiner Galerie von Washington nach New York 1978 hat Protetch Arbeiten von Robert Venturi, Michael Graves, Zaha Hadid, Frank Gehry und Tadao Ando ausgestellt, außerdem verwaltet er die Nachlässe von Frank Lloyd Wright und Buckminster Fuller. Zur Riege der von Protetchs Galerie vertretenen Künstler zählen Oliver Herring, David Reed, Thomas Noskowski, Byron Kim, Iñigo Manglano-Ovalle und João Penalva. Bei einer seiner jüngsten Ausstellungen installierte Manglano in der Galerie ein maßstabgetreues Modell einer 30 Kilometer langen Gewitterwolke aus Glasfaser und Titanfolie namens *Cloud Prototype No. 1, 2003.*

PANTHEON DER KUNSTINSTALLATION

14 DIA Center for the Arts

545 und 548 West 22nd Street

Fahren Sie mit dem Aufzug auf das Dach des von Gluckman Mayner Architects renovierten Gebäudes, und beginnen Sie Ihren Rundgang mit einem Espresso im Dachcafé. Das Dach ist auch das Zuhause von Dan Grahams begehbarem »Rooftop Urban Park Project«. Von hier haben Sie einen Rundumblick auf die Schiffe, die den Hudson herunterkommen, die Skyline der nahen Wassertürme und die Dachterrassen der Galeristen in der Nachbarschaft. Über das Treppenhaus mit Lichtobjekten von Dan Flavin gelangen Sie nach unten und können sich auf dem Weg, Stockwerk für Stockwerk, die Dauerausstellungen von Künstlern wie Lawrence Weiner, Ann Hamilton und Fred Sandbeck ansehen. Nehmen Sie sich im Parterre Zeit, um in dem verspielten Buchladen mit kunterbuntem Fliesenboden – eine Arbeit des Kubaners Jorge Prado – zu stöbern.

COMME des GARÇONS

LOT
61

MODE-FLAGGSCHIFF

15 Comme des Garçons

520 West 22nd Street

Bei einem Eingang wie diesem – er sieht aus wie die Landerampe eines UFO-Raumschiffs – ist es schwer, der Anziehungskraft des galerieähnlichen Ladengeschäfts zu widerstehen. Future Systems, das experimentelle britische Unternehmen, ließ die Fassade des Gebäudes aus dem 19. Jh. intakt und konzentrierte sich auf die Gestaltung des asymmetrischen Aluminiumtunnels – eine angemessene Umgebung für die unkonventionelle Mode des Kultlabels der Japanerin Rei Kawakubo.

WELT DES TEES

16 Wild Lily Tearoom

511A West 22nd Street

Beruhigen Sie die Sinne bei einer guten Tasse Tee in dieser friedlichen, von Dan Hui gestalteten Zuflucht. Die Karte stellt 40 ausgesuchte Teesorten zur Wahl. Nehmen Sie Ihren Tong Tin Oolong an dem Becken mit Seerosen und Goldfischen, und probieren Sie dazu eines der köstlichen japanischen Sandwiches.

ZENTRUM DER DIGITALEN KUNST

17 Eyebeam Atelier

540 West 21st Street

John S. Johnson gründete Eyebeam 1996, um Kunst und Technologie einem breiten Publikum vorzustellen. Die neue Einrichtung für Medienkunst belegt zurzeit provisorisch Ausstellungs- und Unterrichtsräume, die nach einem Entwurf von Diller + Scofidio umgestaltet und 2007 neu eröffnet werden. In dem Gebäude werden ein Museum für Kunst und Technologie, Ateliers, ein Bildungszentrum, multimediale Unterrichtsräume, ein hochmodernes Theater und ein digitales Archiv untergebracht sein. Ziel der Einrichtung ist es, Künstlern, die sich mit den neuen Medien auseinander setzen, Produktions- und Ausstellungsmöglichkeiten zu bieten.

AUSGEFALLENE TAPAS

18 El Quijote

226 West 23rd Street

Das alte spanische Restaurant ist sozusagen die Cafeteria für die exzentrischen Gäste des Chelsea Hotel – allerdings eine Cafeteria, die Hummer und Paella serviert. Die Bar schenkt altmodische Drinks aus und bietet eine Sammlung an Quijote-Figuren sowie einen guten Blick auf den Speisebereich und die von faszinierenden Grüppchen besetzten roten Lederbänke. Nehmen Sie die Atmosphäre einer Zeit in sich auf, in der die Kellner Uniform und Fliege trugen und Gäste in Pelz und Federboa, das Haar mit Brillantine gezähmt, Zigaretten aus Silberetuis rauchten.

PLATZ OHNE ENDE

19 Lot 61

550 West 21st Street

Die Innengestaltung des riesigen Lofts mit Bar und Restaurant stammt von Rafael Viñoly. Lot 61 setzt auf raumspezifische Kunstinstallationen: Als Reverenz vor dem Galerienviertel, dessen Szene es sich hier schmecken lässt, hat Viñoly für die Raumausstattung Damien Hirst gewählt, von der Decke hängen Zylinderlampen von Jorge Pardo, und den Weg zu den Toiletten weist das neonhelle »Hello« von Jim Hodge.

»I REMEMBER YOU WELL IN THE CHELSEA HOTEL«

20 Hotel Chelsea

126

KUNST-DISCO

21 Passerby

154

AVANTGARDE-GALERIE

22 Gavin Brown's Enterprise

436 West 15th Street

Diese wirklich innovative Galerie wird von dem Exilbriten Gavin Brown geführt. Zu seiner beeindruckenden Garde junger britischer und amerikanischer Künstler gehören Chris Ofili, Elizabeth Peyton und Rob Pruitt, Peter Doig und Udomsak Krisanamis.

SCHWEIZER IMPORTE

23 Vitra Showroom

29 Ninth Avenue

Der neue Star am Designhimmel, die Architektin Lindy Roy, hat die Büro- und Ausstellungsräume des Schweizer Möbelherstellers Vitra in einem Lagerhaus aus der Zeit um 1900 als Studie der sinnlichen Moderne angelegt. Die drei Etagen sind durch zwei Durchbrüche verbunden. Die mit Gummi bezogene Ausstellungsfläche dehnt sich vom Boden des Präsentationsraums in der zweiten Etage über eine Treppe in den Verkaufsraum im ersten Stock und in die Galerie im Parterre aus.

VERGNÜGUNGSPARK

24 The Park

152

LEBHAFT UND GEMÜTLICH

25 The Red Cat

227 Tenth Avenue

In den unprätentiösen, schmackhaften Gerichten des Bistros spiegelt sich die Wärme und Behaglichkeit seines Ambientes. Wenn Ihnen der Sinn nicht nach einem Shell Steak mit Yukon-Golds-Kartoffeln, Fenchel und Aïoli mit Cabernet-Sauce steht, ordern Sie zu Ihrem exzellenten Glas Wein doch ein paar kleine Beilagen – etwa die Pommes frites mit Parmesan oder den würzig-scharfen Wildbrokkoli. Die rote und weiße Holzverschalung des Raums erinnert an Holzscheunen in New England. Marokkanische Laternen mit Kerzen an der Decke sorgen für den nötigen Kontrast.

HERZHAFT FRANZÖSISCH

26 La Luncheonette

130 Tenth Avenue

Das charmante, etwas unordentliche Innere ist eine gastfreundliche Insel und ein willkommener Gegensatz zu der tristen Straße, in der das La Luncheonette 1988 eröffnete. Jean-François Fraysse führt das Lokal mit seiner Frau Melva Max und bringt köstliche französische Gerichte wie Lammwürstchen mit sautierten Äpfeln oder in der Pfanne gebratene Forelle mit Wildpilzen auf den Tisch. Sonntags wird Livejazz gespielt.

LOUNGE FÜR NACHTSCHWÄRMER

27 APT

419 West 13th Street

Auch wenn die Geheimniskrämerei, die das APT umgibt, inzwischen nachgelassen hat, die Lounge mit Bar macht sich auch nach drei Jahren in der West 13th Street nicht groß bemerkbar. Um hineinzukommen, müssen Sie erst die äußere und dann die innere Lagerstahltür finden. Auch wenn die turbulente Szene weitergezogen sein mag, die Parade von DJs wie Matthew Herbert und DJ Vadim oder die iPod-Mixing-Sessions, bei denen jeder, der mag, eine Titelliste mit 3000 Songs und sieben Minuten am Mischpult bekommt, halten die von India Mahdavi gestaltete Szene-Lounge frisch.

PARISER BISTRO

28 Pastis

9 Ninth Avenue

Man sieht es sofort: Dies ist das perfekte Disneyland-Abbild eines Pariser Bistros. Aber es gibt hier wunderbare Momente, zum Beispiel morgens, wenn man mit einem Espresso und einer Zeitung, die man sich vom Ständer neben dem Eingang gepflückt hat, am sonnenbeschienenen Frühstückstisch am Fenster sitzt. Der Gastronom Brian McNally, dem auch die Restaurants Lucky Strike, Pravda und Balthazar gehören, hat sich beim Umbau dieses ehemaligen Blumengroßhandels in seiner Liebe zum Detail selbst übertroffen. Die Küchenchefs, Riad Nasr und Lee Hanson, lassen sich von der herzhaften provenzalischen Küche inspirieren. Meiden Sie das spätabendliche Gedränge, und kommen Sie tagsüber oder am frühen Abend.

LUXURIÖSER KÜHLRAUM

29 Meet

71–73 Gansevoort Street

Als der Kühlraum eines Fleischgroßhändlers in ein Restaurant für die Schönen und Eleganten umgewandelt wurde, zog man für Konzeption und Ausstattung den Feng-Shui-Meister Tin Sun zurate. Der Waschtisch in den Toiletten etwa besteht aus einer 64 Kilo schweren und vier Zentimeter dicken Platte aus durchscheinend beige und bernsteinfarben meliertem Onyx-Alabaster auf einem Stahlrahmen. Die Edelstahlarmaturen wurden direkt auf die verspiegelte Rückwand aufgesetzt. Ein gebogener Laufsteg aus Kokosnussholz teilt das Restaurant in zwei Bereiche mit polierten Rattanstühlen und cremefarbenen Straußenlederbänken.

TREND-PIONIERE

30 Auto

167

NECKISCHES DINER

31 Florent

69 Gansevoort Street

Florent ist ein Diner, das seit 1985 zu seiner französischen Bistrokost auch eine ganz eigene Attitüde serviert. Die Innengestaltung stammt von dem verstorbenen Tibor Kalman von der für ihre Respektlosigkeit berühmten New Yorker Agentur M&Co. In das neonhelle Diner kommt man, um über Politik zu reden oder um sich mit den transsexuellen Kellnerinnen Wortgefechte zu liefern. Nachbarn lesen bei einer Tasse Kaffee ihre Post oder die Zeitung. Seine nachdrücklich liberalen Ansichten zu Geschehnissen in der Nachbarschaft oder in der Welt im Allgemeinen drückt das Diner in weißen Buchstaben und geistreicher Prägnanz in seiner Speisekarte aus. Die französische Zwiebelsuppe, der *Boudin noir* oder der Salat mit Ziegenkäse sind gut und recht preiswert.

ALI BABAS SCHUHHÖHLE

32 Jeffrey

449 West 14th Street

Als Jeffrey 1999 am westlichen Ende der 14th Street eröffnete, gab es im Meat Packing District nur einen erlesen kleinen Kreis von Geschäften. Damals mussten die Damen im Pelz, die sich im Taxi hierher fahren ließen, auf ihren Manolo-Schuhen balancierend baumelnden Rinderhälften ausweichen, um zum Vordereingang des Mini-Kaufhauses zu gelangen. Heute sind die Kontraste weniger krass, und die Seufzer der Damen gelten ausschließlich den atemberaubenden Schuhauslagen. Jeffrey Kalinsky, der Inhaber, war früher Schuheinkäufer bei Barneys.

HIMMLISCHE CUPCAKES

33 Magnolia Bakery

401 Bleecker Street

Die Cupcakes unter den Fünfzigerjahre-Kuchenglocken sind es, die Leute aus der ganzen Stadt in die chaotische, altmodische Bäckerei ziehen. Zuckerguss in Rosa, Gelb und Braun wird auf die handtellergroßen Biskuittörtchen gestrichen und exzentrisch verziert. Man kann sie in einer Schachtel mitnehmen oder sich – wie es fast alle tun – im Café oder auf der kleinen Bank vor der Tür über die süße Beute hermachen.

»WE LOVE MARC JACOBS«

34 Marc Jacobs

172

VERFÜHRERISCH FEMININ

35 Diane von Furstenberg

385 West 12th Street

Die sexy Wickelkleider aus Seidenjersey in kräftigen Farben und mit Druckmotiven, die zu Diane von Furstenbergs Markenzeichen geworden sind, finden Sie in ihrer weiß schimmernden Boutique am Rand von West Village. Die Wickelkleider, Rüschen-Tops, figurbetonten Ultra-Suede-Hosen und Accessoires werden in von BE Partners und Bill Katz gestalteten Räumen präsentiert. In die weiß verputzten Decken und Wände sind Spiegelscheiben und Halogenstrahler eingesetzt. Weiße Seidenvorhänge hängen von der Decke bis zum Boden herab und bilden runde Umkleidekabinen.

ALLES FÜR DIE REISE

36 Flight 001

96 Greenwich Avenue

Brad John und John Sencion haben den *Wallpaper**-lesenden Touristen ins Visier genommen. In ihrer hippen Reiseboutique im West Village kaufen Abenteurer ihre Lederetuis für den Pass, Rucksäcke, Toilettenbeutel und Reisewecker von Braun. Für alle, die lieber per Fantasie verreisen, gibt es Globen, Armbanduhren im Retro-Stil und Bildbände. Das Styling der Räume stammt von Dario C. Antonio. Als verbindendes Element für die Ausstattung mit Gummiboden und leuchtender Rückwand hat er hellblaue Reisepiktogramme verwendet.

BIER UND BURGER

37 Corner Bistro

140

JAZZ PUR

38 Small's

183 West 10th Street

Small's, ein Jazzkeller im Greenwich Village, ist berüchtigt für seine Jamsessions in den frühen Morgenstunden (bis acht Uhr geöffnet). Da er keine Alkohollizenz hat, bringen die Gäste ihre guten Tröpfchen selbst mit. Rechnen Sie nicht damit, vor dem Morgengrauen nach Hause zu kommen!

ALTMODISCHE KÖSTLICHKEITEN

39 Li-Lac Chocolates

120 Christopher Street

Mit 5000 Gussformen machen die Chocolatiers in diesem Geschäft, das an eine kleine Schachtel mit Schleifchen erinnert, Ihre wildesten Schokoladenträume wahr. Li-Lac Chocolates wurde in den 1920ern von einer französischen Familie in dem 1883 erbauten Gebäude gegründet, in dem sich das Geschäft noch heute befindet. Den Warteschlangen an Feiertagen zum Trotz ist es einer der Lieblingsläden der Leute im Village.

APOTHEKE IM GASLICHT

40 C.O. Bigelow Apothecaries

414 Sixth Avenue

Die Einrichtung der 165 Jahre alten Lehrapotheke ist wunderschön: von der Deckenstuckatur und den Gaslaternen über die Holzregale bis hinunter zu den Fliesen ist alles original! Bigelow ist heute ein Beautystore, der neben der eigenen Duftöllinie und der Kosmetikserie Alchemy auch Pflege- und Badeprodukte und amerikanische Haushaltsklassiker wie Calgon und Ivory führt.

GEMÜTLICHES VERSTECK

41 Grange Hall

30 Commerce Street

Ob zum Bio-Frühstück oder zum Absacker, das Restaurant in West Village ist eine echte Freude! Es mag die charmant-versteckte Lage in einem Gässchen zwischen Hudson Street und Seventh Avenue sein oder das zuvorkommende Personal – auf jeden Fall ist es schwer, sich hier wieder loszureißen. Falls es Ihnen doch gelingt, sehen Sie sich die umliegenden Gebäude aus dem frühen 19. Jh. an, z. B. das Cherry Lane Theater nebenan. Edna St. Vincent Millay gründete es 1924 in einer Brauerei von 1836, um surreales Theater auf die Bühne zu bringen. *Warten auf Godot* feierte dort Premiere.

C.O. BIGELOW
ESTABLISHED 1838
APOTHECARIES

C.O. BIGELOW
DRUGS

BLEECKER ST
PERRY ST
ONE WAY
NO STANDING ANYTIME

Gramercy Park
East Village
Lower East Side
Lower Manhattan

GRAMERCY PARK
Madison Ave.
Madison Square Park
West 22nd Street
West 23rd Street
East 23rd Street
Lexington Avenue
Flatiron Building
West 21st Street
East 21st St.
Gramercy Park
West 20th Street
East 20th St.
West 19th Street
East 19th St.
West 18th Street
East 18th St.
East 17th St.
Eleventh Avenue
Tenth Avenue
Eighth Avenue
Seventh Avenue
Sixth Avenue
Fifth Avenue
Broadway
Park Avenue South
Irving Place
Third Avenue
Second Avenue
First Avenue
CHELSEA
Union Square
West 14th Street
East 14th Street
Greenwich Avenue
Fourth Avenue
West 10th Street
East 10th Street
West 9th Street
East 9th Street
West 8th St.
East 8th St.
Avenue A
Avenue B
Tompkin's Square
East 7th Street
East 6th Street
East 5th Street
Washington Square
Hudson Street
Seventh Avenue South
West Street
Lafayette Street
GREENWICH VILLAGE
EAST VILLAGE
East 1st Street
East Houston Street
West Houston Street
Stanton St.
Rivington St.
Williamsburg Bric
SOHO
Bowery
Sixth Avenue
West Broadway
Delancey St.
Kenmare St.
Broome St.
Allen Street
Orchard St.
Ludlow St.
Essex St.
Norfolk St.
Suffolk St.
Clinton St.
Grand Street
East Broadway
Holland Tunnel
LITTLE ITALY
Canal St.
Varick Street
Hudson Street
CHINATOWN
Center Street
Pike Street
South Street Elevated Highway
Manhattan Bridge
Chambers St.
West Broadway
Church Street
St James Place
Park Row
Dover St.
Water St.
Brooklyn Bridge
Fulton Street
Site of World Trade Center
FINANCIAL DISTRICT
South Street Seaport
BATTERY PARK CITY
West Street
Church St.
Wall St.
New York Stock Exchange
Pearl St.
Broad St.
Water Street
South Street
1 Kilometer
Battery Park
State Street
Brooklyn-Battery Tunnel
Staten Island Ferry Terminal

Die Entdeckungsreise in den Osten von Manhattan führt von der »Wade« der Halbinsel auf der rechten Seite bis zur gestreckten »Fußspitze« im Süden. Er beginnt in dem einst weit vor den Toren der Stadt gelegenen Vorort um den Gramercy Square, führt dann in die Einwanderergettos in der Lower East Side und endet im ältesten Teil der Stadt, der von 1626 bis in die von Überbevölkerung gezeichnete Mitte des 19. Jhs. New Yorks chaotisches Zentrum war.

Gramercy Park ist das Herz eines historischen Stadtviertels. Seine Alleen säumt eine Vielfalt von Wohnhäusern aus dem 19. Jh.: Reihenhäuser und Brownstones aus den 1840ern, aber auch neugotische und vom Queen-Anne-Stil beeinflusste Privathäuser aus viktorianischer Zeit.

Die Geschichte des East Village beginnt in den 1960ern, als sich die Gegend in der Lower East Side durch die auf Cafés und Clubs um den St. Mark's Square konzentrierten Aktivitäten der Flower-Power-Kultur neu definierte und an Eigenständigkeit gewann. Das East Village litt in den 1970ern und 1980ern schwer unter Beschaffungskriminalität, aber es lieferte auch den ungeschminkten Hintergrund für eine aufregende Kunst- und Punkrock-Szene. Nach der von Bürgermeister Giuliani verordneten Säuberungsaktion am Tompkins Square Park zogen Medienleute und französische Bistros in die Gegend. Sie drängten die ursprünglichen Bewohner und die Läden, die dem Boom zu spät folgten, in den Südosten ab. Diese »Pioniere« fanden sich in einer Lower East Side wieder, die jahrzehntelang als Sprungbrett der Einwanderer in andere Teile der Stadt so berühmt wie berüchtigt war. Seit Beginn des 19. Jhs. hatten die politischen Ereignisse in Europa und eine zunehmend antichinesische Stimmung an der amerikanischen Westküste Siedler die Segel Richtung New York setzen lassen. Als in den 1960ern die Einwanderungsgesetze gelockert wurden, floss ein Strom neuer Sprachen und Kulturen in das Viertel. In den letzten Jahren folgten Puerto-Ricaner, Dominikaner und junge weiße Musiker und Künstler nach. Ludlow und Orchard Street wurden in den 1990ern mit Brachialgewalt in Trend-Locations verwandelt. Heute sind Clinton und Rivington Street die Schauplätze behutsamerer kreativer Veränderung.

Wenn Sie weiter nach Süden – tiefer in die Vergangenheit – vordringen, gelangen Sie in engere, verwinkeltere Straßen, die im 17. Jh. von holländischen Siedlern angelegt wurden. Zwischen den Gebäudetürmen der Finanzunternehmen, den Geschäftszentren der Alten Welt und den Kneipen in finsteren Seitengassen verliert man leicht den Sinn für Raum und Zeit. Er kehrt zurück, wenn Sie die südlichste Spitze von Manhattan betreten, wo eine Bootsfahrt auf dem Fluss oder ein Spaziergang über die Brooklyn Bridge atemberaubende Ausblicke präsentieren.

IRVING PL.
PETE'S
WE DELIVER
CITY BAKERY
featuring THE CHOCOLATE ROOM
GRAMERCY
TAVERN

GRAMERCY FOREVER

1 Gramercy Park Hotel

120

MEMBERS ONLY

2 National Arts Club

15 Gramercy Park South

Das 1845 errichtete Haus ist seit 1906 Sitz des exklusiven National Arts Club. Sein ursprüngliches Erscheinungsbild mit Eisengittern und schlichter Fassade entsprach dem Gebäudestil, der im Westen von Gramercy bis heute erhalten ist. In den 1880ern jedoch engagierte der Eigentümer Samuel Tilden einen der beiden Gestalter des Central Park, Calvert Vaux, um die Fassade im damals gefragten neugotischen Stil der viktorianischen Blütezeit zu modernisieren. Vaux ergänzte Erkerfenster, mehrfarbiges Backsteinwerk und gotische Ornamente. Der Club gewährt ausschließlich Mitgliedern Zutritt. Bei Ausstellungen und Events ist die Öffentlichkeit jedoch zugelassen. Vielleicht treffen Sie auch auf prominente Mitglieder des Clubs wie Martin Scorsese, Ethan Hawke, Dennis Hopper oder Uma Thurman.

SALAT UND SCHOKOLADE

3 City Bakery

3 West 18th Street

Sei es wegen einer Tasse dickflüssig-dunkler Schokolade oder wegen der von Inhaberin und Meisterkonditorin Maury Rubin persönlich mit der doppelten Schokoladenmenge gebackenen Plätzchen, ein Besuch in der City Bakery ist immer ein köstliches Erlebnis. Zur Mittagszeit frequentieren Designer und Fotografen das luftige Café – nicht zuletzt wegen der von Küchenchefin Ilene Rosen zusammengestellten Theke mit marktfrischen Salaten, die als beste der Stadt gilt. Die Bakery organisiert das ganze Jahr hindurch bizarre kulinarische Veranstaltungen wie die »City Bakery State Fair« im Juli. Dann wird das sonst urban wirkende Lokal im Country-Stil umdekoriert.

HISTORISCHE KNEIPE

4 Pete's Tavern

129 East 18th Street

Das Herz des Irving Place schlägt in einer irischen Kneipe, die seit 1864 Kolonialwaren und Grog serviert. Sie bewahrte diese Tradition auch in den Prohibitionsjahren – als Blumengeschäft getarnt. Es heißt, O. Henry, ein Stammkunde, habe 1902 in der Sitzecke neben dem Eingang seine Geschichte *Das Geschenk der Weisen* geschrieben. Inzwischen nennt die Bar mit dem langen Tresen nicht nur eine gute italienisch-amerikanische Speisekarte und drei Fernseher ihr Eigen, sondern auch ein treues, trinkfestes Feierabendpublikum. Bis heute zapft man im Pete's an den historischen Porzellanhähnen das hauseigene »1864 Original Ale«.

NEW AMERICAN DO-IT-YOURSELF

5 Craft

147

COUNTRY FÜR GOURMETS

6 Gramercy Tavern

42 East 20th Street

Eine Palette kulinarischer Genüsse aus der New American Cuisine bietet Tom Coliccios Degustationsmenü in der beliebten Gramercy Tavern. Es umfasst Häppchen von fast allem, was sich auf der außergewöhnlichen und stets marktfrischen Speisekarte findet. Höhepunkt der Menüfolge ist eines der drei ausgefallenen Desserts von Claudia Fleming, z. B. die Mascarpone-Creme »Napoleon«. Eine günstigere Alternative ist die stattliche Bar im geselligen Tavern Room, dem zwangloseren der beiden Speiseräume. Mit mehr als 85 Sorten zählt die Käseauswahl im Gramercy Tavern zu den erlesensten der Stadt. Bestellen Sie drei, sechs oder zehn verschiedene Sorten als abschließenden Gang oder zum Wein an der Bar. Der Service ist makellos.

VERGANGENE ZEIT DER UNSCHULD

7 The Inn at Irving Place

122

INDISCH INSPIRIERTE CUISINE

8 Tabla

11 Madison Avenue

Der junge, in Bombay geborene Küchenchef Floyd Cardoz verknüpft fantasievoll amerikanische und indische Cuisine. Mit vielen Gerichten wie z. B. seinen Tandoori-Wachteln hat er die bewundernde Aufmerksamkeit der New Yorker Restaurantkritiker auf sich gezogen. Zu dem farbenprächtigen, geschwungenen Raum gehört eine umlaufende Empore, von der aus man einen guten Überblick über das Geschehen im Parterre hat. Miteigentümer des Lokals ist Danny Meyer. Wenn Sie nur einen kleinen Eindruck von Cardoz' Stil gewinnen möchten, probieren Sie den Feinschmecker-Hotdog an seinem Imbissstand vor dem Eleven Madison Park.

BÜGELEISEN

9 Flatiron Building

175 Fifth Avenue

Das markante Gebäude war, als Daniel H. Burnham es 1902 auf einem spitzwinklig-dreieckigen Bauplatz an der Kreuzung Broadway und Fifth Avenue errichtete, einer der ersten New Yorker Wolkenkratzer. Heute bezeichnet der Spitzname des mit Kalkstein und Terrakotta ummantelten Stahlskeletts auch die von Fotostudios, Grafikern und Designerverbänden besiedelte Umgebung. Das American Institute of Graphic Arts (AIGA) und der Art Directors' Club unterhalten nahe dem Flatiron öffentliche Schauräume, und so mancher Fotograf lässt sich von den legendären Aufnahmen von Edward Steichen und Alfred Stieglitz inspirieren.

KOSMETIK OHNE KINKERLITZCHEN

10 Kiehl's

169

FARBENFROH UND SINNLICH

11 Alpana Bawa

41 Grand Street und 70 East 1st Street

Alpana Bawa stammt aus dem indischen Pandschab. Ihre originellen Schnitttechniken und Farbenspiele haben sie zum Liebling der Fashionkritik avancieren lassen. Die Tops in Pink und Lila mit gestickten Blättern und Ranken und die perlenverzierten Abendkleider genießen bei den weiblichen Fans Kultstatus. Männer schätzen ihre farbigen und gemusterten Hemden.

JAPANISCHE UNTERWELT

12 Decibel Sake Bar

240 East 9th Street

Asiatisches Unterweltflair umgibt Sie, sobald Sie die Treppe hinuntersteigen und an der Tür der Kellerbar Decibel läuten. Licht, schräge Musik und verrücktes Barpersonal schaffen eine Atmosphäre, die im Laufe eines Abends von ruhig und zurückhaltend in wild und ausgelassen umschlagen kann. Hinter der Bar liegt ein gemütliches Nebenzimmer, wo man sich zu Sake und Snacks niederlassen kann. Die Spezialität des Hauses sind Okonomiyaki (japanische Pfannkuchen).

HIMMLISCHE COCKTAILS

13 Angel's Share

156

BIER, SPUCKE UND SÄGEMEHL

14 McSorley's Old Ale House

151

SCHICKE AFTER-HOUR-BAR

15 First

87 First Avenue

Sam DeMarcos Nachtbar wartet um zwei Uhr früh, wenn sich der Rest der Welt zur Ruhe begibt, noch mit einer kreativen amerikanischen Speisekarte auf. Über 30 Sorten Vodka-Tini stehen zur Auswahl. Der Szene-Drink, der in drei Karaffengrößen zu haben ist, wird mit gekühlten Gläsern in eisgefüllten Kühlern serviert. Besonders gut dazu: Buffalo Wings am Spieß.

SCHRULLIG-CHARMANT

16 Prune

143

GRÜNE STADTIDYLLE

17 Community Garden

East 6th Street und Avenue B

Auf einem ehemaligen Müllabladeplatz an der Ecke East 6th Street und Avenue B gedeiht heute ein zauberhaft üppiger Gemeindegarten. Edie, einem Mann, der sein ganzes Leben in der Nachbarschaft verbracht hat, verdanken die gepflegten Beete und Wege ihren bizarren und kunstvollen Mittelpunkt: einen elf Meter hohen Turm aus dem Schutt, den die Anwohner zurückgelassen hatten. Der ausgefallenste und hübscheste unter den vielen kleinen Parks in der Lower East Side steht Besuchern an Samstagen, Sonntagnachmittagen und während der Abendveranstaltungen offen.

WINZIGER CLUB, GUTE MUSIK

18 Standard

158 First Avenue

Mit Freunden können Sie hier Ihre eigene kleine Party feiern, denn der trendige Club wirkt mit nur einem Dutzend Gäste bereits angenehm gefüllt. Die DJs an den Plattentellern in der Ecke wechseln nächtlich. An den »Urban Foldz Mondays« etwa spielt DJ Jedi »tiefe Beats, Nu-Skool-Breaks, Electro, Minimal-Techno, Trip Hop und allerlei Gutes aus dem Untergrund«. Die Einrichtung ist minimalistisch: mattierte Ladenfenster, eine quadratische Bar aus Epoxyd-Harz und Barhocker aus Gummi und Stahl. Von hinten beleuchtete Paneele an der Nordwand tauchen den Club in weiches Licht.

MOBYS TEASHOP

19 Teany

150

KAVIAR UND GÜRKCHEN

20 Russ & Daughters

179 East Houston Street

Joel Russ fing in den 1920ern mit dem Verkauf von Schmalzhering vom Fass und Räucherlachs an. Seine Töchter Hattie, Ida und Anne kamen ihm in den 1940ern in dem kleinen Laden hinter der weiß gekachelten Theke zu Hilfe. Bis heute ist die Nachfrage nach den Delikatessen des in vierter Generation geführten Feinkostgeschäfts ungebrochen. Die Kunden kommen aus allen Teilen der Stadt, um in dem »Stück New Yorker Kulturerbe« schimmernden Beluga-, Osetra- und Sevruga-Kaviar, geräucherten Stör, Hering und Lachs oder auch kandierte Früchte und Nüsse zu kaufen.

»ICH WILL GENAU DAS, WAS SIE HATTE!«

21 Katz's Deli

145

FRECHE TRETER

22 Alife Rivington Club und Alife

- Alife Rivington Club, 158 Rivington Street
- Alife, 178 Orchard Street

Sie müssen an der nicht näher gekennzeichneten Tür läuten, um in den Club der Sportschuhfreunde eingelassen zu werden. In Vitrinen sind Vintage-Dunks, Jordans, Air-Force-1s und Adidas-Originale ausgestellt. Die hauseigene Kollektion Ritefoot und eine Sammlung an modernen Schuhobjekten der Begierde präsentieren sich in einem geschwungenen Regal. Das Alife um die Ecke versteht sich als Galerie für Graffiti, Grafik und Kunst sowie als Laden, der alle Streetwear- und Accessoire-Bedürfnisse erfüllt, bis hin zu japanischen Actionfiguren und limitierten Auflagen von Nixon-Uhren.

BERGEWEISE SÜSSIGKEITEN

23 Economy Candy

108 Rivington Street

Das köstlich volle Süßwarenkaufhaus begann 1937 mit dem Verkauf von Plombenziehern, Gummischnüren mit Erdbeergeschmack und Brausebomben zu einem Penny das Stück. Um Ihnen Ihre Lieblingsbonbons vom deckenhohen Regal zu holen, steigt der zuvorkommende Inhaber Jerry Cohen auch gerne auf die Leiter.

CAVIAR
MALOSSOL
BELUGA
Lagerung: Bei - + 3° C.

LIFT HERE
MOCCA COFFEE BEANS
FOR PASSOVER

CAVIAR BELUGA
HOME MADE PICKLED LOX
LOX ET VERITAS
Online
CAVIAR
Bizac Premier
Bloc Goose Foie Gras
With Truffles
1195
3495

MODE FÜR DIE LADYS DER LOWER EAST SIDE

24 TG170

170 Ludlow Street

Terry Gillis hat in ihrem kleinen Laden in der 170 Ludlow Street so mancher Modekarriere aus den Startlöchern geholfen. Labels ihrer Wahl sind unter anderem Pixie Yates, Living Doll, United Bamboo, Ulla Johnson und Liz Collins. Unter den Accessoires findet sich eine breite Palette Handtaschen: von edel-verbeulten Kuriertaschen von Freitag bis hin zu zierlich-kapriziösen Täschchen aus alter Kimonoseide. In der T-Shirt-Abteilung gibt es das Muscle Tee von Supersonic mit dem Hotdog-Print und Lieblingsstücke von Petite Bateau.

EINWANDERERLEBEN

25 Lower East Side Tenement Museum

90 Orchard Street

Das faszinierende Museum setzt sich aus verschiedenen Tenements (Mietskasernen) zusammen, die einen – oft erschreckenden – Einblick in das Leben der Einwanderer im späten 19. Jahrhundert gewähren. Zu besichtigen sind die Gebäude nur im Rahmen von Führungen. Die Wohnungen wurden sorgfältig restauriert, um das oftmals sehr entbehrungsreiche Leben der Menschen, die zu den verschiedenen Zeiten dort untergebracht waren, zu veranschaulichen.

AVANTGARDE-LABEL

26 Seven

180 Orchard Street

Das Seven ist eine ultrahippe Boutique, die mit der Gründung des Avantgarde-Labels »For Seven New York« progressiven einheimischen Modemachern wie Ass Four und Tess Giberson Gelegenheit bietet, ihre Ideen vorzustellen. In den vier weißen Wänden ihres Shops – die Gestaltung mit Zementboden stammt von Demas – zeigen die Inhaber Joseph Quartana und John Demas Stücke junger Designertalente neben den Konstruktionen und Dekonstruktionen der Modeschöpfer Sophia Kokosalaki, Martin Margiela und Tim Van Steenbergen.

ROMANTISCHE DEUTSCHE SYNAGOGE

27 Angel Orensanz Foundation

172 Norfolk Street

Nach ihrer Ankunft in Manhattan in den 1840ern beauftragten die Mitglieder der deutsch-jüdischen Gemeinde 1849 den Berliner Architekten Alexander Seltzer mit dem Bau der Synagoge. 1986 erwarb der Bildhauer Angel Orensanz das verfallende Gebäude und rettete es vor dem Abriss. Heute wird der neugotische Hauptsaal mit 15 Meter hoher Decke vermietet – für Partys im Kerzenlicht oder für Kulturveranstaltungen. Alexander McQueen organisierte hier seine erste Modenschau auf amerikanischem Boden.

ENTSPANNTE MAROKKANISCHE LOUNGE

28 Kush

183 Orchard Street

Der Besuch in der entspannt-sinnlichen Location im Zentrum des Nachtlebens von Orchard und Ludlow Street ist wie ein Ausflug in ein orientalisches Märchen. Haben sich die Augen an das Kerzenlicht der verschnörkelten Laternen und Leuchten gewöhnt, findet man leicht ein kissengepolstertes Plätzchen. Rauchen Sie eine Wasserpfeife, und sehen Sie den Bauchtänzerinnen zu (dienstags), die ihre Hüften zu den Rhythmen des Souren Baronian's Middle Eastern Trio kreisen lassen.

GOURMETMEILE

29 Clinton Street

- 71 Clinton Fresh Food, Nr. 71
- aka Café, Nr. 49
- WD-50, Nr. 50

Als sie ihr Lokal 1999 auf einem wenig ansehnlichen Abschnitt der Clinton Street eröffneten, hatten Dewey Dufresne und Janet Nelson nur »ein Restaurant mit vernünftigen Preisen und netter einheimischer Atmosphäre« im Sinn. Doch das gestiegene Szene-Interesse an der Clinton Street, die hippe Gestaltung des Lokals und die verblüffenden Kreationen des Kochs Willie Dufresne machten das Clinton Fresh Food zum Star am New Yorker Trendhimmel. Inzwischen hat Willie die Küche seinem ehemaligen Sous-Chef Matthew Reguin übergeben und kocht im eigenen Lokal, dem WD-50, einer umgebauten Bodega gegenüber. Aber viele seiner originellen Kreationen, z. B. mit Kartoffelscheibchen bedeckte Ziegenkäse-Tarte mit Würfelchen aus über Apfelbaumholzfeuer geräuchertem Bacon, stehen nach wie vor auf der Karte des Clinton Fresh Food. Leckere Suppen, Sandwiches und Empanadas bekommt man im aka Café, dem kleineren und zwangloseren Ableger des Clinton.

IM ZEICHEN DES ELCHS

30 Good World Barber Shop

150

FINANZTEMPEL

31 New York Stock Exchange

8 Broad Street

Der 1903 von George B. Post erbaute Tempel aus Marmor birgt eine der Schaltzentralen der Weltwirtschaft. Die zwei Etagen hohe Basis des Bauwerks und die gewaltigen korinthischen Säulen symbolisieren Beständigkeit und Macht. Auch wenn Besuchern derzeit der Blick aufs Börsenparkett verwehrt bleibt, die Börse ist ein guter Ausgangspunkt für eine Entdeckungsreise in die Macht-Architektur des Börsenviertels. Das Museum of American Financial History (24 Broadway) erzählt die Geschichte der Wall Street. Wenn Sie im Voraus buchen, können Sie an einer Führung durch die Federal Reserve Bank of New York (33 Liberty Street) teilnehmen, wo die größten Goldreserven der USA lagern. Der Wolkenkratzer der Bank of New York wurde 1932 errichtet. Die Schalterhalle ist eine Art-déco-Fantasie aus Mosaiksteinen in Gold, Gelb und Orange.

WOLKENKRATZERGESCHICHTE

32 Skyscraper Museum

39 Battery Place

Am Fuß des Ritz Carlton Hotel im Battery Park hat das Skyscraper Museum eine feste Heimat gefunden (Eröffnung Ende 2003). Gestaltet wurde die neue Einrichtung von den Titanen des Wolkenkratzerbaus, Skidmore, Owings & Merril. Das Museum umfasst zwei Ausstellungsräume: Der eine konzentriert sich auf die historische Entwicklung der Skyline New Yorks, der andere auf Aspekte der Hochhausarchitektur. Wenn Sie Lust auf einen Cocktail verspüren, bietet sich die Rise Bar auf der 14. Etage des Hotels an. Von hier haben Sie freie Sicht auf den Hafen und die Freiheitsstatue. Durch den Battery Park gelangen Sie zur (kostenlosen) Fähre nach Staten Island. Auf der Überfahrt (ca. 30 Min.) können Sie die Freiheitsstatue aus nächster Nähe betrachten. Auf der Rückfahrt bietet sich eine fantastische Aussicht auf die Südseite der Hochhäuser von Lower Manhattan.

EINE BRÜCKE ZUM VERLIEBEN

33 Brooklyn Bridge und Bridge Café

279 Water Street

Eine dekorative Metallkassettendecke, Fenster mit Blick auf die Manhattan zueilenden Bögen der Brooklyn Bridge und die Lage in einem der ältesten Gasthäuser der Stadt – das sind nur einige der Vorzüge des behaglichen und abends hochromantischen Bridge Café. Nach dem Essen bietet sich ein Spaziergang über die Holzplattform an, die an der Außenseite der Brücke entlangführt. Das Bauwerk mit sich emporschwingenden Stahlkabeln und neugotischen Türmen war bei seiner Fertigstellung 1883 die größte Hängebrücke der Welt und zudem die erste, die aus Stahl erbaut wurde. Im Brückensockel auf der Brooklyner Seite des East River ist ein hohes Tonnengewölbe eingelassen, das Brooklyn Bridge Anchorage. Es ist eine der aufregendsten Locations für experimentelle Kunst und Musik. In der Umgebung des Anchorage stehen Brownstone- und Backsteinhäuser, in denen früher Kapitäne wohnten. Heute leben hier Filmemacher und Schriftsteller. Schlendern Sie über die Brooklyn Heights Promenade zwischen Cranberry und Remsen Street, und genießen Sie die Aussicht auf die Skyline von Lower Manhattan.

GESCHICHTSTRÄCHTIGES GASTHAUS

34 Fraunces Tavern

54 Pearl Street

In den letzten Tagen des Unabhängigkeitskrieges diente die Taverne George Washington als Wohnsitz, und in ihrem Long Room hielt er am 4. Dezember 1783, vor seiner Rückkehr nach Mount Vernon, seine berühmte Abschiedsrede an die Offiziere der Kontinentalarmee. 1904 erkannte man die historische Bedeutung des vom Verfall bedrohten Gebäudes und rekonstruierte es im Stil eines Gasthauses aus dem späten 18. Jh. Heute besuchen Broker von der Wall Street das im Kolonialstil eingerichtete Restaurant im Erdgeschoss.

GRAND CENTRAL
TERMINAL

Midtown

0,5 Kilometer
Central Park
Central Park Zoo
The Pond
Columbus Circle
Central Park South
LENOX HILL
MIDTOWN
TURTLE BAY
THEATER DISTRICT
MURRAY HILL
East 73rd St.
East 72nd St.
East 70th St.
East 70th St.
East 69th St.
East 68th St.
East 67th St.
East 66th St.
East 65th St.
East 64th St.
East 63rd St.
East 62nd St.
East 61st St.
East 60th Street
East 59th St.
East 59th Street
Queensboro Br
East 58th St.
East 57th Street
East 56th St.
East 55th St.
East 54th St.
East 53rd St.
East 52nd St.
East 51st St.
East 50th St.
East 49th St.
East 48th St.
East 47th St.
East 46th St.
East 45th St.
East 44th St.
East 43rd St.
East 42nd Street
East 41st St.
East 40th St.
East 39th St.
East 38th St.
East 37th St.
East 36th St.
West 58th St.
West 57th Street
West 56th St.
West 55th St.
West 54th St.
West 53rd St.
West 52nd St.
West 51st St.
West 50th St.
West 49th St.
West 48th St.
West 47th St.
West 46th St.
West 45th St.
West 44th St.
West 43rd St.
West 42nd Street
West 41st St.
West 40th St.
West 39th St.
West 38th St.
West 37th St.
West 36th St.
Fifth Avenue
Madison Avenue
Park Avenue
Lexington Avenue
Third Avenue
Second Avenue
First Avenue
York Avenue
Sutton Place
Franklin D. Roosevelt Drive
Eighth Avenue
Broadway
Seventh Avenue
Avenue of the Americas
Sixth Avenue
Rockefeller Plaza
Vanderbilt Avenue
Depew Place
Tunnel Exit Street
Radio City Music Hall
Rockefeller Center
Seagram Building
Grand Central Station
Chrysler Building
United Nations Headquarters
Queens - Midtown Tunnel
Times Square
Port Authority Bus Terminal
Bryant Park
New York Public Library
Pierpont Morgan Library
1
2
3
4
5
6
7
8
9
10
11
12
13
14
15
16
17
18
19
20
21
22
23
24
25
26
27
28
29
30
31

In Midtown ist New York am verwirrendsten, am aufregendsten und am strahlendsten. Unten am Boden bewegen sich die Menschen im Straßenraster wie ein Uhrwerk im Takt der umspringenden Ampeln. Über ihren Köpfen greifen die luftigen Ambitionen der Modernisten der 1950er-Jahre nach der Unendlichkeit. Von den imposanten Unternehmenszentralen im »Park-Avenue-Korridor« bis zu den Aushängeschildern der großen Designer in der Fifth Avenue, von den Sternenlämpchen, die unter der Decke der Grand Central Station leuchten, bis zum Neonfeuerwerk auf dem Times Square – Midtown verdichtet und steigert die Energie der Stadt auf eine Art und Weise, die ebenso anstrengend wie anregend ist.

Unter den Wirtschaftspalästen gibt es einige Pioniere der »Glaskastenarchitektur« der 1950er. Das Seagram Building von Mies van der Rohe und Philip Johnson gehört dazu und das jüngst renovierte Lever House von Skidmore, Owings and Merill (SOM). Es entstand als erstes Bauwerk der Stadt aus Stahl und Glas. Die postmoderne Erwiderung waren Formen wie das Lipstick Building von Philip Johnson, Edward Barnes' schwarzes Prisma für IBM und Johnsons Chippendale-Ausschnitt im Turmgiebel des AT&T-Gebäudes (heute im Besitz von Sony).

Die zehn Jahre dauernden Renovierungsarbeiten an der Grand Central Station sind nun abgeschlossen. Der Bau aus dem Jahr 1913 verknüpft stadtplanerische Leistung – die Verteilung von Auto- und Zugverkehr, U-Bahnen und Fußgängern auf verschiedene Ebenen – mit erhabener Neorenaissance-Architektur. Dank einer Bürgerinitiave mit Jacqueline Onassis an der Spitze wurde nach Jahren des Niedergangs mit Erhaltungsmaßnahmen am Terminal begonnen. Die neoromantische Pennsylvania Station hatte weniger Glück. Der von McKim Mead und White entworfene Bau aus dem Jahr 1910, einst elegantes Tor zur Stadt, wurde in den 1960ern abgerissen und durch einen unscheinbaren, einer Katzenklappe nicht unähnlichen Zugang ersetzt. Inzwischen baut SOM das General Post Office gegenüber zur neuen Penn Station um.

Zwischen Mitte und Ende des 19. Jhs. war Midtown New Yorks vornehmste Wohngegend. Von der großbürgerlichen Vergangenheit ist wenig geblieben. Die neuen Bewohner der Fifth Avenue sind Flagship Stores edler Designermarken und noble Kaufhäuser. Midtown ist auch das Zentrum der New Yorker Medien- und Verlagshäuser. In der Mittagspause, wenn sich die leitenden Angestellten der Medienfirmen im Michael's oder Four Seasons zum Power-Lunch treffen, mischen sich in den Strom der mit Markennamen bedruckten Einkaufstüten auch Aktenkoffer und Laptoptaschen, aus denen eine New York Times, The New Yorker oder Harper's hervorlugen.

GOLDENES ZEITALTER

1 The Morgan Library

29 East 36th Street

1906 benötigte der Banker, Philanthrop und Kunstsammler J. Pierpont Morgan für seine beeindruckende Sammlung seltener Bücher, Skizzen alter Meister und Handschriften eine Unterbringung. Charles McKim war der Architekt, der sie schuf – in Form eines italienischen Renaissancepalasts. Seine drei Räume sind prächtige Beispiele für den Stil des American Age of Elegance. Höhepunkte der Murray Hill Library sind unter anderem drei Gutenberg-Bibeln, das Manuskript *Ein Weihnachtsmärchen* von Charles Dickens, die persönlichen Aufzeichnungen von Henry David Thoreau und Thomas Jeffersons Briefe an seine Tochter Martha. Das Café im verglasten Innenhof ist hübsch, doch wenn Ihnen der Sinn nach Stärkerem steht, ist die von Andrée Pullman gestaltete Morgan Bar unter dem Morgan Hotel (237 Madison Avenue/37th Street) die bessere Wahl.

BEWEGENDES BAUWERK

2 Grand Central Terminal

42nd Street

Das 1913 im Neorenaissancestil erbaute Grand Central Terminal ist ein hinreißender Ausgangspunkt für eine Zugreise. Aber auch ohne Zugfahrkarte gibt es viel zu sehen. Beobachten Sie die 300 000 Pendler, die geschickt jedem Hindernis ausweichen, ohne je zu kollidieren. Lassen Sie das Licht auf sich wirken, das durch die herrlichen Fenster des Lichtgadens dringt. Schön sind auch die goldenen Sternbilder aus kleinen Lampen, die an der himmelblauen Decke leuchten. Abschließend empfiehlt sich ein Besuch im Campbell Apartment, einer eigenwilligen Cocktail-Lounge. Das Apartment war von 1923 bis 1941 persönliches Arbeits- und Empfangszimmer von John Campbell, dem Treuhänder der New York Central Railroad. Campbell ließ den Raum mit Glasfenstern und geschnitzter Holzdecke als florentinischen Palazzo aus dem 13. Jh. herrichten.

AUSTERN IM BAHNHOF

3 Oyster Bar at Grand Central Station

141

GRÜNES JUWEL

4 Paley Park

5 East 53rd Street

Der hübsche Park ist kaum größer als eine Westentasche, aber die winzige Oase im Asphaltdschungel macht das Beste aus ihrer städtischen Umgebung. Ein Wasserfall übertönt den Verkehrslärm, und das Schattenspiel der Christusakazien lädt zur Pause ein. Entworfen wurde der Park 1967 von Zion and Breen Associates, doch sein Stifter William Paley, ehemaliger Leiter des Radiosenders CBS, beteiligte sich an allen Details der Gestaltung. Paley Park war einer der Lieblingsorte des Sozialethikers William »Holly« Whyte. Er machte bei der Eröffnung des Parks Zeitrafferaufnahmen, um zu illustrieren, wie Menschen öffentlichen Raum nutzen.

KUNST DER FEINEN LEBENSART

5 Gucci

685 Fifth Avenue

Die Innengestaltung der Couture-Boutique von Bill Sofield, dem Architekten des Soho Grand, ist angemessen zurückhaltend und schafft einen strahlenden Hintergrund für die höchst sinnlichen Kreationen, die Tom Ford für das italienische Modehaus entwirft. Sofield setzte auf Materialien wie Palisanderholz, Plexiglas, Lack, Travertin, Glas, polierten Edelstahl und Mohair, um kontrastierende Struktureffekte zu erzielen. Das Erdgeschoss mit Handtaschen, kleinen Lederwaren, Brillen und Schmuck wird durch die Raumhöhe dramatisch betont. Ihr hat Sofield wiederum wuchernde horizontale, vorspringende Formen entgegengesetzt. Die Kleider hängen an einem flexiblen, an der Decke befestigten Stangensystem vor beleuchteten Wandpaneelen, die, so der Designer, »die Feinheiten der Gewebe und Details zur Geltung bringen«.

PARADIES FÜR BIBLIOPHILE

6 New York Public Library

Fifth Avenue und 42nd Street

Die Carrère and Hastings Library, ein Meisterwerk der Neorenaissance, wurde 1911 als neues Zuhause für die Sammlung des bibliophilen Immobilienmilliardärs John Astor fertig gestellt. Im Rahmen einer Führung können Sie rund ein Dutzend Räume besichtigen. In einem steht übrigens der Schreibtisch von Charles Dickens. Sie können auch frei zwischen den Reihen der Forscher im hervorragend restaurierten Rose Martin Reading Room umherwandern oder die Empfangshalle studieren, die wirkt, als hätte man sie aus einem einzigen gigantischen Marmorblock geschnitten. Nur wenige Schritte vom imposanten Aufgang entfernt kann man gut zu Mittag essen: Der Bryant Park Grill liegt direkt hinter der Library in einem Park, in dem man im Sommer Filmklassiker unter freiem Himmel zeigt. Im Bryant Park Hotel an der East 40th Street lädt das Feinschmeckerlokal Ilo ein.

TUMMELPLATZ DER SUPERMODELS

7 Cellar Bar

156

ART-DÉCO-WOLKENKRATZER

8 Chrysler Building

405 Lexington Avenue

New Yorks beliebtester und berühmtester Wolkenkratzer ist ein Klassiker des Art déco. Wenn ein flüchtiger Sonnenstrahl am Morgen zu dem einem Chrysler-Kühlergrill nachempfundenen Dach aus Nirosta-Stahl aufblicken lässt oder die wie Muscheln einander überlagernden dreieckigen Fenster in der Abenddämmerung weißes Licht verströmen, fühlt man van Alens optimistische Zukunftsvision bestätigt. Betrachtet man das Bauwerk aus dem Jahr 1930 mit zurückgelegtem Kopf aus der Nähe, eröffnet sich eine ganz neue Perspektive. Die kunstvollen Ornamente greifen das Thema Automobil zum Beispiel in Backstein am Sockel des Gebäudes wieder auf, und statt Wasserspeiern lehnen sich Adler aus dem 61. Stock. Das Kleinod in luftiger Höhe – der Cloud Room, eine Flüsterkneipe aus den 1930ern mit Toilettenräumen in rosafarbenem Marmor und einer glänzenden Bar aus bayerischem Holz – ist nicht zugänglich. Bis zum Abschluss der Renovierung muss dem Besucher ein Blick auf die schönen Wandgemälde und die Intarsien auf den Fahrstuhltüren in der Eingangshalle aus rotem Marmor genügen.

INTERNATIONALER BODEN

9 United Nations Headquarters

First Avenue und 46th Street

1947 traf eine internationale Gruppe von Architekten unter der Leitung von Wallace K. Harrison in New York zusammen. Ihr Ziel war ein Entwurf für den Sitz der neu gegründeten Vereinten Nationen. Dank Le Corbusier, der seine Vision wortgewaltig vertrat, gelang ihnen weit mehr als nur ein Verwaltungsbau. Der Gebäudekomplex der Vereinten Nationen ist nicht weniger als ein Symbol für Modernität und Weltfrieden. Der Optimismus des Projekts spiegelt sich in Hitchcocks Kamerafahrt über die grün getönten Scheiben des Secretariat Building in der Eröffnungsszene seines Spielfilms *Der unsichtbare Dritte* (1959). Der Charme des heute verblichenen Interieurs kommt in den Fotografien von Adam Barto zu dem Buch *International Territory: The UN 1945–1995* gut zum Ausdruck. Man kann im Delegates Dining Room im Kreis von Diplomaten speisen – das Lunch-Buffet stellt jeden Monat die Cuisine eines Landes vor.

MÄCHTIG TRINKEN

10 Four Seasons Bar

159

STYLISCH-FRANZÖSISCH

11 Brasserie

137

KUNST NACH MASS

12 Steven Salen Tailors

18 East 53rd Street

Eine Zimmerflucht holzgetäfelter Räume ist der Sitz dieses so traditionsbewussten wie sachlichen Herrenschneiders. Hemingway nahm seine Dienste auf Empfehlung seines Freundes Gerald Murphy in Anspruch. Murphy, der elegant gekleidete Künstler, der F. Scott Fitzgerald als Vorlage zu seiner Figur Dick Driver in *Zärtlich ist die Nacht* diente, erklärte: »Sehr gutes, zuverlässiges New Yorker Haus, kein Schnickschnack.« Ob Sie eine maßgeschneiderte Garderobe brauchen oder nur eine kleine Änderung, Sie können dem Schneider vertrauen, der 1933 in der Zeitschrift *Fortune* inserierte: »Da Gesellschaftskleidung stets ins Auge fällt, ist es von entscheidender Bedeutung, diese nur von solchen anfertigen zu lassen, die um die Grundregeln angemessener Kleidung wissen. Andernfalls läuft der Träger Gefahr, eine beträchtliche Summe für eine gänzlich unpassende Aufmachung zu bezahlen.«

BREAKFAST AT TIFFANY'S

13 Tiffany & Co.

727 Fifth Avenue

Man kann sich der Tür von Tiffany & Co. nicht nähern, ohne an Audrey Hepburn alias Holly Golightly mit ihrer dunklen Brille zu denken, wie sie Kaffee nippt, an einem Kuchenteilchen knabbert und sehnsüchtig die Schätze in den Auslagen betrachtet. Das 1837 gegründete Haus erlebte seinen Höhepunkt um die Jahrhundertwende, als der Sohn des Firmengründers Louis Comfort Tiffany seine Lampen, Jugendstilschmuck und Emaillen zu entwerfen begann. Die Stardesigner von heute sind Elsa Peretti und Paloma Picasso.

MERRY OLD BLOODY MARY

14 King Cole Bar and Lounge

155

ARCHITEKTURZENTRUM

15 Municipal Art Society und Urban Center Books

457 Madison Avenue

Die prunkvolle Eingangshalle, die Villard Bar und die Lounge des Palace Hotel liegen im Nordflügel des 120 Jahre alten sehenswerten Villard House, wo auch eine Reihe von Architekturorganisationen untergebracht ist. In der Buchhandlung Urban Center Books stapeln sich die Bücher auf dem Boden und dem Tisch in der Ladenmitte. Sie ist spezialisiert auf Bücher zu städtebaulichen Themen, Architektur sowie verwandten Künsten und organisiert regelmäßig Gesprächsrunden, Events und Ausstellungen.

KLARE LINIEN

16 Linda Dresner

484 Park Avenue

Seit 1985 präsentiert Linda Dresner ihre Haute Couture der klaren Linien in einer eigenen Boutique. Sie kann sich rühmen, Jil Sanders schlichte und elegante Mode in New York eingeführt zu haben. (Übrigens hat die Hamburger Modeschöpferin nun selbst eine Filiale: 11 East 57th Street.) Als das Geschäft eröffnete, verglich ein New Yorker Magazin Michael Gabellinis helle und subtile Ladengestaltung mit einer »Höhle in einem Eisberg«: Um für Dresners hochkarätige Mode eine angemessene Umgebung zu schaffen, griff Gabellini auf Materialien wie Kalkstein, weißen Marmor, schwarzen Granit, Makassar-Ebenholz und Neusilber zurück.

WOLKENKRATZER DER JAHRTAUSENDWENDE

17 LVMH Tower

19–21 East 57th Street

Man muss auf der südlichen Straßenseite der 57th Street stehen, um sehen zu können, wie sich der schlanke Louis Vuitton-Moët Hennessy Tower 23 Stockwerke emporwindet. Der 1999 vollendete Entwurf des französischen Architekten Christian de Portzamparc beweist, dass New Yorks strenger Flächennutzungsplan der landläufigen Meinung zum Trotz Experimente zulässt. Es wurden drei Glassorten verwendet: klares Glas, grünes Glas mit keramischen Fritten und ein weißes, gering eisenhaltiges Glas mit geometrischem Sandstrahlmuster. Portzamparc sieht in dem Turm mit der transparenten, facettierten Fassade eine Hommage an die Stadt aus Glas. Eine Filiale von Christian Dior nimmt die unteren beiden Etagen des Gebäudes ein. Auf der Turmspitze sitzt ein spektakulärer Glaswürfel mit Penthouse. Unter seiner neun Meter hohen Decke finden Modenschauen und Partys statt.

COOLER MODETEMPEL

18 Calvin Klein

654 Madison Avenue

Calvin Kleins Flagship Store ist ein Tempel des Minimalismus. Innenarchitekt John Pawson sah im Raum selbst das luxuriöseste Material, das ihm zum kreativen Spiel zur Verfügung stand, und machte davon großzügig Gebrauch. »Die moderne Idee von Luxus ist es, Menschen Raum zu geben«, erklärt er. Sein zweites Gestaltungsmittel ist die Farbe Weiß. Sie taucht in Schattierungen überall in der Einrichtung auf – wie eine Verkörperung der vielen Einträge für »Schnee« in einem isländischen Wörterbuch. Die Räume waren früher Sitz einer Bank. Pawson hat die ionischen Wandpfeiler erhalten und als Rahmen für vertikale Glasflächen genutzt, die er zusätzlich mit Kalkstein absetzte.

ÜBUNG FÜR DAS GUGGENHEIM MUSEUM

19 Mercedes-Benz Showroom

430 Park Avenue

Der winzige, 1954 von Frank Lloyd Wright gestaltete Ausstellungsraum bietet nur fünf Autos Platz. Sie sind um eine runde, abfallende Rampe angeordnet, ein verkleinerter Vorläufer der Rotunde im 30 Blocks entfernten Guggenheim Museum. Die Geometrie des großen runden Spiegels an der Decke zitiert den dreizackigen Mercedes-Stern.

LITERATENHÖHLE

20 Algonquin Hotel

59 West 44th Street

Die Hotellobby war Schauplatz des historischen Round Table, an dem Dorothy Parker in den wilden 1920ern ihren bissig-geistreichen Witz mit dem ihrer literarischen Zeitgenossen maß. Im Oak Room finden allabendlich außer montags Kabarettveranstaltungen statt. Aber es sind vor allem die kleinen runden Tische in der altmodischen und angenehm verschlissenen Blue Bar, die Sie aufsuchen sollten. Die Wände zieren Grafiken von Al Hirschfeld, ein langjähriger Stammgast im Algonquin, und die uniformierten Kellner servieren mit undurchdringlicher Miene Bistrokost und exzellente Martinis in den legendären blauen Kelchen der Bar. Bedenken Sie aber Parkers weise Worte: »I like to have a Martini / Two at the very most / After three I'm under the table / After four I'm under the host.«

NEONFEUERWERK

21 Times Square

42nd Street und Broadway

New Yorks berühmtester Platz ist eigentlich die lang gezogene Kreuzung von Broadway und Fifth Avenue. Sie erhielt den Namen der New York Times, als diese ihren Sitz Anfang des 20. Jhs. hierher verlegte. 1928 verwendete das Verlagshaus – weltweit erstmalig – Tafeln an der Fassade, um die Wahlergebnisse bekannt zu geben. Das war der Startschuss zu einem fieberhaften Wettbewerb zwischen den Gebäuden am Platz um die größten und buntesten Reklametafeln. Die kleine Lulu mit ihrer Kleenex-Schachtel, der Camel-Raucher und die zahllosen Neonschilder, die früher die Passanten umwarben, wirken heute angesichts des Booms von Videoleinwänden und riesigen Digitaltafeln geradezu bescheiden. Interessant ist übrigens auch das vom Architecture Research Office entworfene Rekrutierungsbüro der US-Streitkräfte am Times Square.

SOCIAL CLUB

22 Russian Samovar

256 West 52nd Street

Wenn Sie keine Gelegenheit haben, die urwüchsige russische Enklave in Brighton Beach, Brooklyn, zu besuchen, ist der Russian Samovar eine gute Alternative. Gesellen Sie sich auf einen Meerrettich-Wodka am langen Tresen zu den Intellektuellen, Schriftstellern und Künstlern, unter die sich gelegentlich auch Mitbesitzer und Stammgast Michail Baryschnikow mischt. Die stimmungsvollen Balladen, die oft am Klavier in der Ecke angestimmt werden, laden zum Bleiben ein. Lassen Sie sich von der bunten Palette hauseigener Wodkas verführen oder von der an Blinis und Kaviar, Borschtsch, Satsivi, Bœuf Stroganoff und Räucherfisch reichen Karte. Viele Gäste verwickeln den Wirt Rotman Kaplan gestenreich in Gespräche. Ein regelmäßiger Gast war auch der Dichter Joseph Brodsky. Ihm zu Ehren veranstaltet das Lokal dienstagabends Dichterlesungen.

VOLKSKUNST & KUNSTRAUM

23 American Folk Art Museum

45 West 53rd Street

Das von Tod William und Billie Tsien wunderbar durchdachte neue Heim des American Folk Art Museum in der West 53rd Street steigert die Erwartungen an das erweiterte Museum of Modern Art, das 2005 im gleichen Block eröffnen wird. Die Architekten haben in den Innenräumen Monumentalität mit Intimität im idealen Verhältnis kombiniert: Der Architekturbeobachter Paul Goldberger verglich das Museum wegen seiner »wirklich originellen Raumaufteilung innerhalb der Grenzen eines Reihenhauses« mit dem Museum von Sir John Soane in London. Die Ausstellungen stehen den neuen Räumen in nichts nach: Ein durchschlagender Erfolg war die Werkschau des Autodidakten und Außenseiters der Kunstszene Henry Darger. Zu den Exponaten dekorativer, funktionaler und ritueller Volkskunst gehören Keramiken, Schilder, Quilts und aufziehbares Spielzeug.

ZIMMER MIT AUSSICHT

24 Rainbow Grill

30 Rockefeller Plaza, 65th floor

Beim Bau des Rockefeller Center 1934 war der Rainbow Room auf der 65. Etage des höchsten und markantesten Gebäudes der Anlage ein Fanfarenstoß der Superlative. Unter den Kristalllüstern des runden Ballsaals drehten sich mehr als 75 Jahre tanzende Paare im Takt der Musik. Heute finden dort nur noch geschlossene Veranstaltungen statt, und dem Gast bleibt lediglich ein Drink oder Abendessen im Rainbow Grill. Die Aussicht bezahlen Sie hier mit, also kommen Sie zur besten Zeit – eine Stunde vor Sonnenuntergang, wenn die Sonne das Empire State Building und die Skyline von Südmanhattan in goldoranges Licht taucht. Herren können zusätzlich einen grandiosen Blick nach Norden auf den Central Park genießen – vom Fenster der Herrentoilette aus.

SINNLICHES SURROUND-KINO

25 Ziegfeld Theater

141 West 54th Street

Das fantastische Filmtheater steht dort, wo einst die »Ziegfeld Follies« standen. Die großflächige Leinwand, das elegante rote Dekor und makellose Bild- und Tonqualität machen es zum idealen Ort für die Sorte von actionreichen Leinwandepen, die man staunend und weinend zusammen mit 1200 anderen Besuchern erleben möchte.

PIANOFORTE

26 Steinway & Sons

109 West 57th Street

Steinway & Sons wurde 1853 von dem deutschen Einwanderer Henry Engelhard Steinway in einem Loft in der Varick Street gegründet. Das erste Piano der Firma, die Nummer 483, wurde für 500 Dollar an eine New Yorker Familie verkauft und steht heute im Metropolitan Museum. Die riesige Nachfrage ließ das Unternehmen Steinway um einen Fabrikort in Astoria, Queens, und eine Konzerthalle mit 2000 Plätzen in der 14th Street anwachsen. Die letzte Bastion des Imperiums der Klaviermacher ist ein Ausstellungsraum in der 57th Street. Er wurde Mitte der 1920er von den Architekten der Grand Central Station, Warren und Wetmore, im neoklassizistischen Stil ausgebaut. Hinter der zweistöckigen Rotunde entdecken Sie eine mehrere schalldichte Räume umfassende Ausstellung von Klavieren in allen erdenklichen Größen, Formen und Ausführungen.

STILLER EKLEKTIZISMUS

27 City Club Hotel

124

KÜNSTLERLOFT IN MIDTOWN

28 Chambers Hotel

130

DER GROSSE AUFTRITT

29 Town

142

JAPANISCHES KAUFHAUS

30 Takashimaya

693 Fifth Avenue

Von lackierten Suppenschalen über Seetangblätter bis hin zu einfarbigen Blumengestecken – das japanische Kaufhaus bietet auf sieben Etagen alle Zutaten für die vollkommene Unvollkommenheit eines Ambientes im hippen Wabi-Sabi-Stil. Die ursprüngliche Gestaltung sah die beiden ersten Etagen – der japanischen Kaufhaustradition folgend – als Galerie vor. Beim Umbau 1997 wurden jedoch 270 Quadratmeter der Galeriefläche für Gepäck und Reiseaccessoires abgezweigt. Die Designer von S. Russel Groves griffen das Galeriemotiv auf und verwendeten Gittersysteme mit Fachböden aus schwarz gebeizter Esche und niedrige Tische als Präsentationsflächen für Reisegepäck. Für kleinere Artikel wie Uhren und Brillen schlugen sie an Museen erinnernde MDF-Vitrinen mit Hunanseide aus. Die oberste Etage ist feinsten Beauty- und Haarpflegeprodukten wie Shu Uemuras Kosmetik in klaren Kunststoffflakons geweiht. Im Untergeschoss verbirgt sich das Tea Box Café.

PRUNKVOLLE HOTELBAR

31 Oak Bar

The Plaza Hotel, 768 Fifth Avenue

1907 entwarf Henry Janeway Hardenbergh für seine Klienten an der südlichen Ecke des Central Park ein französisches Schlosshotel. Die Oak Bar im Erdgeschoss ist eine klassische, ihrer prunkvollen Umgebung angemessene Hotelbar. Zigarren und Portwein sind die unverzichtbaren Accessoires der Club-Atmosphäre in dem Raum mit sieben Meter hoher Decke, schwarzen Eichenwänden mit kannelierten Säulen und 100 Jahre alten Wandgemälden von Everett Shin. In den 1920ern hielten F. Scott Fitzgerald und Ernest Hemingway in der Oak Bar Hof, und erst 1974 gewährte man auch Damen Zutritt in diese Enklave der Alten Welt.

STEINWAY & SONS

Upper East Side
Upper West Side
Harlem

28
West 125th Street
West 127th Street
West 126th Street
27
East 127th Street
East 126th Street
Triborough Bridge
East 125th Street
30
Studio Museum
29
HARLEM
Marcus Garvey Park
EAST HARLEM
Henry Hudson Parkway
Riverside Drive
Broadway
Amsterdam Avenue
Morningside Avenue
Saint Nicholas Avenue
Adam Clayton Powell Bvd.
Lenox Avenue
West 116th Street
East 116th Street
MORNINGSIDE HEIGHTS
Morningside Park
Fifth Avenue
Madison Avenue
Park Avenue
Lexington Avenue
Third Avenue
Second Avenue
First Avenue
Jefferson Park
Cathedral Parkway
Central Park North
West 106th Street
East 106th Street
Conservatory Garden
18
Columbus Avenue
MANHATTAN VALLEY
SPANISH HARLEM
1 Kilometer
97th Street Traverse Road
West 96th Street
East 96th Street
UPPER WEST SIDE
Riverside Drive
West end Avenue
Broadway
Amsterdam Avenue
Central Park West
Reservoir
8
Cooper Hewitt
East 91st Street
East 90th Street
East 89th Street
East 88th Street
17
Guggenheim
86th Street Traverse Road
22
West 86th Street
Central Park
East 86th Street
15
16
Neue Galerie
West 84th Street
26
Metropolitan Museum of Art
9
10
UPPER EAST SIDE
West 83rd Street
West 82nd Street
20
West 81st Street
21
Belvedere Lake
West 80th Street
Museum of Natural History
79th Street Traverse Road
West 79th Street
East 79th Street
West 77th St.
East 77th Street
12
13
East 76th Street
The Lake
West End Avenue
Amsterdam Avenue
Columbus Avenue
EAST SIDE
6
West 72nd Street
East 72nd Street
19
Frick Collection
4
Asia Society
5
East 71st St.
East 70th St.
7
West 70th St.
24
Second Avenue
23
Franklin D. Roosevelt Drive
West 67th St.
West 66th St.
Julliard
Fifth Avenue
Madison Avenue
Park Avenue
Lexington Avenue
Third Avenue
East 67th St.
11
First Avenue
York Avenue
East 66th St.
West 65th St.
65th Street Traverse Road
Central Park Zoo
Henry Hudson Parkway
Lincoln Center
25
Broadway
1
2
East 63rd St.
Adams House
West 62nd St.
East 62nd St.
3
East 61st St.
The Pond
West 60th St.
East 60th St.
Columbus Circle
Central Park South
East 59th St.
14
14
Queensboro Bridge
East 58th St.
West 58th St.
West 57th Street
East 57th Street

Die Upper East Side ist eine der beständigsten vornehmen Adressen New Yorks, ihre Postleitzahl 10021 steht für eine der reichsten Wohngegenden des Landes, und dies erklärt die vielen erstklassigen Boutiquen und Patisserien auf der Madison Avenue. Die ursprünglichen Besitzer der Herrenhäuser in der Fifth Avenue und Park Avenue – Familien wie Astor, Straight, Dillon, Duke und Pulitzer – zogen, als Anfang des 19. Jhs. der Central Park eröffnete, aus Downtown hierher. Heute befinden sich in den einstigen Wohnhäusern einige der ehrwürdigsten Museen der Stadt.

Auch die Upper West Side, kurz UWS, rühmt sich eigener Museen wie des American Museum of Natural History mit dem neuen Rose Center for Earth and Space. Die Anwohner gelten gemeinhin als intellektuell und liberal. Die UWS ist für ihre ehrwürdigen alten Apartmenthäuser bekannt, etwa das im Art-déco-Stil angelegte San Remo, in dessen kunstvoll verzierten Zwillingstürmen sich Wassertanks verbergen, oder das Dakota Building auf der Westseite des Parks in der 72nd Street, das mit 120 Jahren der »Großvater« unter New Yorks luxuriösen Apartmenthäusern ist. Seinem Ruf als Drehort des verstörenden Films »Rosemary's Baby« und als Tatort des Mordes an John Lennon zum Trotz ist das Dakota eine begehrte Adresse geblieben. Sein Name geht übrigens auf das Jahr 1884 zurück, als man es wegen seiner Lage in New Yorks wildem Westen verspottete. Strawberry Fields, das von Bruce Kelly entworfene Denkmal für John Lennon, liegt wenige Schritte vom Dakota entfernt im Central Park.

Als die Holländer 1658 die Siedlung Nieuw Harlem gründeten, lebten in den Hügeln und Tälern der Manhattaner Gegend nördlich des Central Park noch Indianer. Die Erweiterung des U-Bahn-Netzes in den Norden der Halbinsel führte im späten 19. Jh. zu einem Bauboom, der schnell im Bankrott endete. Afroamerikaner, die man aus anderen Stadtteilen verdrängt hatte, mieteten die leeren Apartmenthäuser. 1910 war Harlem zum größten schwarzen Wohngebiet der USA angewachsen. In den 1920ern und 1930ern strömten Schwarze aus den Südstaaten nach, das Viertel erlebte eine kulturelle Blüte: die Harlem Renaissance. Count Basie, Duke Ellington und andere traten im Sugar Cane Club und im Cotton Club auf. Hier nahm Lena Horns Karriere ihren Anfang, ebenso wie die der Literaten Langston Hughes und James Baldwin. Auch wenn die berühmten historischen Persönlichkeiten in den Namen der Straßen und Institutionen weiterleben, Harlems Blick ist heute in die Zukunft gerichtet. Die Gewaltkriminalität ist entscheidend zurückgegangen, und 2001 zog Bill Clinton mit seinem Büro in die 55 West 125th Street – nur zwei Faktoren einer Neubelebung, die Harlem zu einem viel versprechenden Viertel machen.

RALPH LAUREN

CHARME DER ALTEN WELT

1 The Lowell

128

BIGGER, BETTER, BARNEYS

2 Barneys

162

SCHICK SPEISEN

3 Commissary

1030 Third Avenue

Matthew Kenney, der Besitzer der Downtown-Lokale Canteen und Commune, bringt mit diesem Restaurant sein Spiel mit dem Buchstaben C auf Uptown-Niveau. Das Commissary verdankt sein schickes Ambiente mit umlaufenden Fenstern, schwarz gebeizten Böden und einer weißen runden Bar als dramatischem Mittelpunkt Davis Schefer Design. Heilbutt mit Pistazien-Anis-Kruste, gebratener Dorsch mit Essig-Riesling-Glasur und zarte Wildkoteletts zu Wacholder-Knollensellerie-Gratin sind nur einige der verlockenden Gerichte auf Kenneys italienisch und asiatisch beeinflusster Karte. Nach einer Einkaufstour ist die Bar unter dem imposanten, eigens angefertigten Lüster ein wunderbarer Ort, um in aufgeschlossener Atmosphäre einen Martini zu trinken.

ALTE MEISTER IN PRIVATER UMGEBUNG

4 The Frick Collection

1 East 70th Street

Die luxuriöse Villa, ehemaliges Privathaus des Stahl- und Eisenbahnmagnaten Henry Clay Frick, beherbergt bemerkenswerte Gemälde fast aller großen europäischen Meister. Das Museum liegt etwas zurückgesetzt hinter einem Garten und einem beschaulichen Innenhof mit einem gewaltigen Springbrunnen. Die überschaubare Größe und die großartige Sammlung machen das Frick zu einem wunderbaren Museumserlebnis. Das *Bildnis des Sir Thomas More* von Holbein d. J. hängt hier neben Bellinis *Verzückung des hl. Franziskus* und Ingres' *Porträt der Comtesse d'Haussonville*. Werfen Sie von der East 70th Street aus einen Blick durch das gusseiserne Tor auf den von Russell Page 1977 gestalteten Park, und schlendern Sie dann den begrünten Block zur Asia Society hinauf. Das kurze Stück Weg bietet Kostproben vieler Architekturstile. Die vornehmen Häuser in dieser Straße reichen von einem weiß getünchten Brownstone-Gebäude aus dem Jahr 1863 (Nummer 129) bis zu dem von William Lescaze 1940 im amerikanischen Bauhausstil entworfenen Haus Nummer 124.

KÜNSTE ASIENS

5 Asia Society

725 Park Avenue

Bartholomew Voorsanger, Architekt der kürzlich umgestalteten Asia Society an der Ecke eines begrünten Abschnitts der East 70th Street, hat die Eingangshalle des Baus geöffnet und teilverglast und anschließend die vier der Öffentlichkeit zugänglichen Etagen über eine frei schwebende Treppe mit weißen Stahlträgern, Stufen aus blauem Glaslaminat und Birkenholzgeländer verbunden. Die ständige Ausstellung zeigt koreanische Keramiken, indische Miniaturen, buddhistische Zeichnungen aus Japan, indonesische Textilkunst sowie Skulpturen aus Thailand und dokumentiert in Sonderschauen Themen der asiatischen Gegenwartskunst. Schön für eine Pause ist das Garden Court Café.

KLASSISCH AMERIKANISCH

6 Ralph Lauren

867 Madison Avenue

Die herrschaftliche Villa Rhinelander – die Kulisse für Ralph Laurens Fantasiewelt großbürgerlichen Wohllebens – wurde in den 1890ern von Kimball & Thompson geschaffen. Die Renovierung 1980 erhielt das Grundinventar und die Originalzierleisten. Um die Aura eines fiktionalisierten, von süßem Müßiggang bestimmten Lebens der vornehmen Vorkriegsgesellschaft zu intensivieren, haben die Innenarchitekten Möbel, persische Teppiche, Vintage-Reitstiefel, Vuitton-Reisetruhen, Kaschmirpolster und Kamelhaarvorhänge, antike Baccaratleuchter und Wandpaneele von Lalique ergänzt.

RESTAURANT BEI SOTHEBY'S

7 Bid Brasserie

1334 York Avenue

Im Erdgeschoss des von Richard Gluckman geplanten New Yorker Hauptquartiers von Sotheby's sorgt ein Restaurant für das leibliche Wohl der Händler und Sammler. Dineen Nealy Architects haben dem Raum Club-Atmosphäre verliehen. Entlang den lorbeerholzgetäfelten Wänden werden Kunstobjekte in einem Ambiente gezeigt, das entspannter ist als das der Büros und Galerien auf den oberen Etagen. Das Restaurant verströmt Behaglichkeit – mit sanften Farben und weichen Materialien. Hinter dem köstlichen Festpreismenü können sich geschmorter Hummer mit Mais-Relish, sautierte Wachteln mit Bacon und Schwarzwurzeln oder Rotzunge mit Teppichmuscheln und Sommertrüffeln verbergen.

DESIGN IM BLICK

8 Cooper Hewitt National Design Museum

2 East 91st Street

Das einzige Museum der USA, das sich der Geschichte und Gegenwart von Gestaltung widmet, steht unter der Schirmherrschaft der Smithsonian Institution. Seine Sammlungen mit 250 000 Objekten und Werkschauen wie die *National Design Triennial: Inside Design Now* sind in dem ehemaligen Wohnhaus des Industriemagnaten Andrew Carnegie untergebracht. Die 64-Zimmer-Villa, erbaut 1899–1902, ist eine Herausforderung für jeden, der modernes Design präsentieren möchte. In dem idyllischen Arthur Ross Terrace and Garden finden im Sommer DJ-Sessions und Events der Design-Szene statt.

DIE MUTTER ALLER MUSEEN

9 Metropolitan Museum of Modern Art

1000 Fifth Avenue

Gewaltig, großartig, gigantisch – das ehrwürdige Museum hält selbst die Langstreckenläufer unter den Kunstliebhabern in Atem. Viele Abteilungen des MoMA sind groß genug, um eigene Museen zu füllen. Es empfiehlt sich, entsprechend zu planen: eine Abteilung pro Tag. Der amerikanische Flügel hütet eine der umfassendsten Sammlungen amerikanischer Malerei und Bildhauerei der Welt. Das Wohnzimmer von Frank Lloyd Wright in der Abteilung Ornamentik sollten Sie sich nicht entgehen lassen.

SKULPTUREN IN DACHLANDSCHAFT

10 Iris and B. Gerald Cantor Roof Garden

Metropolitan Museum of Modern Art, 1000 Fifth Avenue

Ihr Besuch fällt in die Zeit zwischen Mai und Spätherbst? Schauen Sie im Iris and B. Gerald Cantor Roof Garden vorbei, wo jedes Jahr eine neue Skulpturenschau installiert wird. Sehen Sie bei einem Sandwich und einem Drink der Sonne zu, wie sie hinter den Wipfeln des Central Park versinkt. Ein grandioses Finale für einen Tag der Kunstgenüsse.

EIN ZIMMER VON TIFFANY

11 Seventh Regiment Armory

640 Park Avenue

Die fantastische französische Festung im Stil des Mittelalters ist eine wahre Schatzkammer. Der Tiffany Room mit bunten Fenstern, Mosaiken und Metallarbeiten ist das einzige in New York erhaltene Beispiel für Louis Comfort Tiffanys prächtige Innengestaltungen. Im Seventh Regiment Mass and Lounge, dem Restaurant auf der oberen Etage, fühlt man sich wie in einer charmanten Zeitkapsel der 1950er-Jahre.

MAGNET FÜR BÜCHERFREUNDE

12 Urus Rare Books

Carlyle Hotel, 981 Madison Avenue

Eine umfassende Auswahl von Kunstnachschlagewerken, erlesene Exemplare seltener Bücher aller Genres und dekorative alte Drucke kann man in der eingeführten Buchhandlung im Zwischenstock des Carlyle Hotel durchstöbern. Die Stärken des Sortiments von Peter Kraus: Kunst, Architektur, Literatur, Reisebuch und Kinderbücher. Vielleicht finden Sie eine von Alice Liddell signierte Ausgabe von *Alice im Wunderland* oder eine Erstausgabe von Ludwig Bemelmans' *Madeline,* die Sie in Stimmung versetzt, die nach dem Schriftsteller benannte Bar im Souterrain des Carlyle zu besuchen.

KINDHEITSERINNERUNGEN IN EINER PIANOBAR

13 Bemelmans Bar

Carlyle Hotel, 35 East 76th Street

Die Wände der schummrigen Pianobar hat Ludwig Bemelmans, der 1940 Gast im Carlyle war, bemalt. Die Figuren aus seinen *Madeline*-Büchern in jahreszeitlichen Szenerien aus dem Central Park liefern in ihrem schrulligen Charme vielen Prominenten den gemütlichen Hintergrund für einen Nachmittagscocktail.

ÜBER DEM FLUSS, UNTER DER ERDE

14 The Roosevelt Island Tramway

59th Street / Second Avenue

Guastavino's

409 East 59th Street

Eine der spektakulärsten Aussichten auf New York hat man auf der Fahrt mit der Roosevelt Island Tramway. Die Drahtseilbahn ist seit 1976 in Betrieb. Sie bringt die Bewohner von Roosevelt Island nach Manhattan und zurück. Auf der vierminütigen Fahrt, die den Fahrgast in ca. 75 Meter Höhe über den East River führt, bietet sich ein grandioser Blick auf die Hochhausschluchten und den Fluss. Ein Kontrastprogramm ist eine Stärkung in den Gewölben unter der Queensboro Bridge. Das Guastavino, ein durchgestyltes Terence-Conran-Restaurant, entstand in Zusammenarbeit mit Holzman Pfeiffer Associates, die das Kreuzrippengewölbe von Rafael Guastavino y Esposito sorgfältig renovierten.

USEUM

NEUE GALERIE
MUSEUM FOR GERMAN AND AUSTRIAN ART
1048 FIFTH AVENUE

DEUTSCHE UND ÖSTERREICHISCHE KUNST

15 Neue Galerie

1048 Fifth Avenue

Die Sammlung des kleinen Museums widmet sich der Malerei des frühen 20. Jhs. in Deutschland und Österreich. Die elegante Villa von 1914 ist im Originalzustand erhalten. Begeisterung aber weckt die erlesen-zurückhaltende Innengestaltung von Annabelle Selldorf. Das Ambiente hebt Gemälde, Skulpturen und Kunstobjekte dramatisch hervor. Selldorf hat auch die architektonischen Grundzüge des von Carrère und Hastings entworfenen Gebäudes freigelegt. Die Wendeltreppe aus Marmor und Schmiedeeisen, die Kuppel und die Wandverkleidung kommen jetzt angemessen zur Geltung.

WIENER BACKWAREN

16 Café Sarbasky

Neue Galerie, 1048 Fifth Avenue

Das Café Sarbasky ist das exzellente Restaurant der Neuen Galerie. Geführt wird es von Kurt Gutenbrunner, dem Küchenchef und Besitzer des allseits gelobten Restaurants Wallsé. Zu den schwarz-weißen Kachelböden, den Lampen von Josef Hoffman, Möbeln von Adolf Loos und Polstertextilien von Otto Wagner hat sich das Sarbasky von Wiener Kaffeehäusern inspirieren lassen. Auf der Speisekarte stehen traditionelle österreichische Gerichte, und auch süße Spezialitäten wie Strudel und Linzer Torte wurden nicht vergessen.

INBEGRIFF EINES MODERNEN MUSEUMS

17 Solomon R. Guggenheim Museum

1071 Fifth Avenue

Beim Spaziergang durch die zurückhaltende Pracht der Apartmenthäuser auf der Fifth Avenue und der Ostseite des Central Park schraubt sich unvermittelt ein fantastisches weißes Bauwerk ins Blickfeld. Das unter großen Aufregungen und Kontroversen 1959 eröffnete Museum von Frank Lloyd Wright stellt den Höhepunkt im Schaffen des berühmten Architekten dar. Als wäre das Gebäude selbst nicht sehenswert genug, hütet es darüber hinaus eine gandiose Kunstsammlung. Arbeiten Sie sich von oben nach unten durch Peggy Guggenheims Schatzkammer der Kubisten, Surrealisten und abstrakten Expressionisten, nicht zu vergessen die fotografische Sammlung mit mehr als 200 Aufnahmen von Robert Mapplethorpe. Schlusspunkt des Besuches ist das Atrium, das freitags mit einem eindrucksvollen, oft mit Ausstellungen verknüpften Musikprogramm aufwartet.

GEHEIMER GARTEN

18 Conservatory Gardens

Central Park, Fifth Avenue und 105th Street

Der Central Park trennt die beiden »Uppers« – Upper East und Upper West Side –, die oft wie zwei entfremdete Schwestern wirken. Der Park ist ein gestalterisches Meisterwerk. »Jeder Quadratmeter Parkfläche, jeder Baum und Busch, auch jeder Bogen, jede Straße, jeder Weg wurde bewusst platziert«, sagte der Landschaftsarchitekt Frederick Law Olmsted. Als man 1857 das Gelände einer Müllhalde und einer Knochensiederei zu verwandeln begann, war es von freiem Land und wilden Barackensiedlungen umgeben. Die Randzone des Parks wurde schnell erschlossen, und zwischen 1900 und 1920 folgte ein Bauboom. Die meisten Gebäude griffen neugeorgianische, neoklassizistische und Neorenaissance-Stilmittel auf. Machen Sie nach dem Verwirrspiel der Stile einen kleinen Verdauungsspaziergang über die symmetrischen Wege der drei architektonischen Gärten, die zusammen die Conservatory Gardens bilden. Diese Gärten – im englischen, französischen und italienischen Stil – wurden in den 1930ern ergänzt. In dieser wenig besuchten Ecke des Parks erwarten Sie zweieinhalb Hektar Rasen, Springbrunnen, eine Fülle von Blumen, Hecken, überdachten Holzapfelbäumen, Glyzinienspalieren und vieles mehr.

WIEDERAUFERSTEHUNG

19 72nd Street Subway

Kreuzung 72nd Street und Broadway

Ein schöner Ausgangspunkt, um die Upper West Side zu betreten, ist die alte U-Bahn-Station, die heute auf einer Verkehrsinsel an der Kreuzung 72nd Street und Broadway liegt. Sie wurde 1904 von Heins & Lafarge im flämischen Renaissancestil erbaut und kürzlich unter Verwendung von Originalbaustoffen restauriert.

NATURGESCHICHTE FÜR ZU HAUSE

20 Maxilla and Mandible

451 Columbus Avenue

Nur einen Block nördlich vom American Museum of Natural History bietet Maxilla und Mandible nicht nur Knochen, Skelette, Fossilien, Eier, Insekten und Muscheln aus aller Welt an, sondern auch die Ausstattung, die zum Ausstellen und Präsentieren solcher Objekte nötig ist. Das Schönste in diesem Reich der anatomischen, paläontologischen, osteologischen und entomologischen Skurrilitäten? Alles ist käuflich.

DELIKATESSENBASAR

21 Zabar's

2245 Broadway

Auch wenn man in dem verrückten Ambiente dieser New Yorker Institution gerne stehen bleiben und schauen würde, die hauptsächlich jüdischen Kunden, die sich zielstrebig auf den Kauf von filetiertem Lachs, Schwarzbrot, Challah und Chicken Pot Pie konzentrieren, schieben Sie weiter. Der Duft von Käse, frischen Bagels und gemahlenem Kaffee lockt zwischen die Regale, in denen sich verführerische Leckereien wie Kekse und Trockenfrüchte stapeln. Zabar's Basar ist eine Kostprobe des echten New York.

RÄUCHERFISCH IN ALTER TRADITION

22 Barney Greengrass Sturgeon King

136

HEIMAT DER BOHEME

23 Café des Artistes

1 West 67th Street

Den perfekten Drink zum Einstimmen auf eine Aufführung im Lincoln Center nimmt man in der holzgetäfelten Bar, die sich in dem romantischen, das Flair der Alten Welt atmenden Restaurant verbirgt. George Moll Pollard entwarf das neugotische Hotel des Artistes 1907. Die Atelierwohnungen hatten keine Küchen, und ihre Bewohner waren Künstler, aber keineswegs von der brotlosen Sorte. Sie kamen im Café zwischen den lachenden nackten Nymphen auf den Wandgemälden von Howard Chandler Christy zusammen, bestellten etwas aus der Bistroküche und redeten. Manch einer schickte über den Speiseaufzug frische Zutaten hinunter und erhielt auf diesem Weg seine Mahlzeiten aus der Küche. Berühmte Bewohner des Hotels waren unter anderem Isadora Duncan, Noel Coward, Rudolph Valentino und Norman Rockwell.

BISTRO VOR DER OPER

24 Café Luxembourg

200 West 70th Street

Die Einrichtung präsentiert mit einer Zinkbar, Korbstühlen, schwarz-weißem Terrazzoboden und milchweißen Kacheln ihre Sicht des Art déco. Setzen Sie sich auf ein Glas Champagner und Austern an die Bar – Ellbogen an Ellbogen mit prominenten Kennern, denen der Weg ins Odeon 90 Blocks weiter südlich zu weit war.

DAS GRÖSSTE KULTURZENTRUM DER WELT

25 Lincoln Center for the Performing Arts

65th Street und Columbus Avenue

Stellen Sie sich einen Moment in die Mitte des weitläufigen Gebäudekomplexes für darstellende Kunst, und nehmen Sie die Atmosphäre in sich auf. Mit Schmuck beladene Musik- und Ballettliebhaber laufen kreuz und quer über den Platz oder warten am Springbrunnen in der Mitte auf ihre Begleitungen. In den späten 1950ern und 1960ern entwarfen Stararchitekten jener Tage eine Reihe von Bühnen: Philip Johnson das State Theater, Eero Saarinen das Repetitorium, und Max Abramowitz plante die Philharmonie. Das von Wallace K. Harrison 1966 gestaltete Metropolitan Opera House mit seinen Gemälden von Chagall ist eine atemberaubende Umgebung, will man eine Produktion der Met erleben.

GEHOBENE AMERIKANISCHE BRASSERIE

26 Quest

2315 Broadway

Das New American Bistro schafft in dem dramatisch weitläufigen Speisesaal mit runden, von hohen Wänden umgebenen Sitznischen gemütliche, intime Räume. Auf der hoch gelobten Karte von Inhaber und Chefkoch Tom Valenti zeugen Gerichte wie im Haus geräucherter Stör mit Friséesalat, Speck und einem pochierten Ei vom kulinarischen Erbe der jüdisch geprägten Nachbarschaft.

NAHRUNG FÜR DIE SEELE

27 Sylvia's Soul Food Restaurant

328 Lenox Avenue (Malcolm X Boulevard)

Wer sich nach Rippchen, Kokosnusskuchen und anderen Köstlichkeiten aus dem Süden sehnt, geht zu Sylvia's. Sylvia und Herbert Woods lernten sich auf einem Bohnenfeld in South Carolina kennen, als sie elf und zwölf Jahre alt waren. 1962 eröffneten sie ihr Soul Food Restaurant. Das Lokal nimmt heute fast einen ganzen Block ein. Probieren Sie nach der Messe in der Abyssinian Baptist Church das Gospel Lunch.

GOSPELKIRCHE

28 Abyssinian Baptist Church

132 Odell Clark Place

Die von Charles W. Bolton 1923 aus blauem Tonsandstein erbaute neugotische Kirche ist vor allem durch ihren letzten Pfarrer bekannt, den ersten schwarzen Kongressabgeordneten von New York City, Adam Clayton Powell jr. Gottesdienste mit Gospelgesang finden sonntags um 9 und 11 Uhr statt.

HARLEMER JAZZKNEIPE

29 Lenox Lounge

288 Lenox Avenue (Malcolm X Boulevard)

Billie Holiday, Miles Davis, John Coltrane und viele andere sind in dieser legendären Lounge und vor allem im Zebra Room aufgetreten. Die Originaleinrichtung im Art-déco-Stil mit gestreiften Wänden, Fliesenböden und gepolsterter Lederdecke wurde restauriert, aber die Vergangenheit als Harlems ältester Jazzclub – nun, da Cotton Club und Savoy Ballroom nicht mehr existieren – liegt noch immer in der Luft.

AFROAMERIKANISCHE KUNST

30 The Studio Museum in Harlem

144 West 125th Street

Der einzigartige Schwerpunkt des Museums auf afroamerikanischer Kunst und Arbeiten aus der afrikanischen Diaspora hat unter der Ausstellungsleiterin und Kuratorin Thelma Golden bahnbrechende Ausstellungen hervorgebracht. Das Museum sieht seine Aufgabe in der kritischen Auseinandersetzung mit den kanonischen Geschichtsdarstellungen der europäischen und amerikanischen Moderne. Das Hospizprogramm für Kunstschaffende organisiert Werkschauen der Künstler, die in den Ateliers des Gebäudes arbeiten.

REST ROOMS
DOWNSTAIRS

Williamsburg
Long Island City

1 Kilometer
ASTORIA
LONG ISLAND CITY
WOODSIDE
HUNTERS POINT
SUNNYSIDE
BLISSVILLE
GREENPOINT
NORTHSIDE
MASPETH
SOUTHSIDE
WILLIAMSBURG
Roosevelt Island
Rainey Park
Queens Bridge Park
McCarren Park
Franklin D. Roosevelt Drive
Queensboro Bridge
Queens Midtown Tunnel
Main Avenue
Astoria Boulevard
31st Avenue
33rd Rd.
34th Avenue
21st Street
31st Street
Broadway
Steinway Street
Vernon Boulevard
Northern Boulevard
39th Street
48th Street
44th Drive
46th Ave
Jackson Avenue
Thomson Avenue
Skillman Avenue
43rd Avenue
Queens Boulevard
Van Dam Street
34th Street
37th Street
Greenpoint Avenue
49th Avenue
Borden Avenue
Long Island Expressway
Brooklyn-Queens Expressway
Mc Guinness Boulevard
Manhattan Avenue
Franklin Street
Humboldt Street
Kingsland Avenue
Calyer Street
Lorimer Street
(Union Square)
Kent Avenue
Wythe Ave.
Berry St.
Bedford Ave.
Driggs Ave.
Richardson St.
Frost St.
Meeker Ave.
Grand Avenue
Metropolitan Avenue
Grand Street
Williamsburg Bridge
Union Ave.
Roebling St.
Broadway

Mit einer unglaublichen Geschwindigkeit hat sich die Brooklyner Nachbarschaft Williamsburg in wenigen Jahren vom Industriegebiet im Niedergang zur hippen Location und Künstlerenklave gemausert. Mitte des 19. Jhs. war Williamsburg ein Ferienort mit Hotels, Clubs und Biergärten in der Umgebung der Brooklyner Fähranlegestelle, der Industrielle und Unternehmer anzog. Nach der Eröffnung der Williamsburg Bridge wurde die Gegend zunehmend industriell erschlossen. Damals drängten sich am Fluss Docks, Werften, Speicherhäuser, Schnapsbrennereien, Kneipen und Brauereien. Heute gibt es in Williamsburg weniger als 9000 Stellen im Produktionsbereich (im Gegensatz zu 93.000 im Jahr 1961). Glücklicherweise verhindern die verbliebenen Gemüseverpackungsanlagen, Zuckerraffinerien und die ethnische Mischung aus Puerto-Ricanern, Polen und chassidischen Juden, dass die Szene zu homogen gerät. Dank der eigenwilligen Läden und entspannten Haltung herrscht in Williamsburg an Nachmittagen unter der Woche eine friedliche, fast dörfliche Stimmung. Doch schon können sich viele Künstler, die in den frühen 1990ern der Flut von Galerien den Weg ebneten, die Mieten ihrer Lofts nicht mehr leisten. Sie müssen weiter nach Süden und Westen ziehen, und neue Bars und Restaurants folgen ihnen auf dem Fuß.

Zwar gibt es in der Gegend noch kein Hotel, doch ab Union Square sind es nur drei Stationen mit der U-Bahn-Linie L nach Williamsburg. Die Bedford Avenue ist ein belebter Anziehungspunkt, und die Straßen, die sie zwischen der North 9th Street und dem Broadway kreuzen, sind mit genügend Boutiquen, Antiquitätengeschäften, Galerien, Cafés und Bars gesäumt, um sich einen ganzen Nachmittag – vielleicht sogar bis in den Abend hinein – wunderbar zu unterhalten.

New York scheint seine begehrlichen Blicke inzwischen auch auf Long Island City, einige Kilometer nördlich von Williamsburg im wuchernden Borough Queens, zu richten, das bis heute für die meisten Manhattanites noch ein Außenposten in der Wildnis ist. Das spröde Fabrikenviertel mit Wohngebieten asiatischer und lateinamerikanischer Einwanderer erfährt dank einer gedeihenden Kunst-, Film- und Designszene eine aufregende Wiederbelebung. Die Avantgarde beginnt bereits, sich in Lofts einzurichten, und es mag nicht mehr lange dauern, bis sich in Long Island City – wie zuvor in Williamsburg – die ersten Eckkneipen in Cafés mit Technomusik und Cappuccino verwandeln. Fahren Sie mit der Linie G nach Norden Richtung Queens, oder kehren Sie nach Manhattan zurück und nehmen Sie den Queens Art Link, einen Pendelbus, der von der West 53rd Street zwischen Fifth und Sixth Avenue aus die für Kunstfreunde interessanten Ziele MoMA QNS, P.S.1, den Socrates-Skulpturengarten und das Isamu Noguchi Museum anfährt.

blank

AUFMARSCHPLATZ UND WOCHENMARKT

1 Greenmarket

Union Square, East 17th Street und Broadway

Wesentlicher Bestandteil des Abenteuers Williamsburg ist eine Fahrt mit der Linie L. In den Waggons sind bis in die frühen Morgenstunden eigenwillige Charaktere unterwegs; sie machen die Fahrt vom Union Square in die Bedford Avenue zum visuellen Erlebnis. Wenn es Montag, Mittwoch, Freitag oder Samstag ist, sollten Sie, bevor Sie in die U-Bahn hinuntergehen, sich noch zwischen den Düften und Farben der Erzeugerstände treiben lassen, die sich auf der Nordseite des Union Square versammeln. Der Square stammt aus dem Jahr 1839 und war traditionell der Schauplatz für politische Kundgebungen und Arbeiterproteste. Die wenigen verbliebenen Kämpfernaturen teilen sich heute die Stufen und Geländer mit den Skateboardern, die hier unermüdlich ihre Tricks üben.

LOKALKOLORIT

2 Pete's Candy Store

709 Lorimer Street

Den wirklichen Reiz dieser altmodischen Bar in einem Ladengeschäft mit Backsteinfassade aus dem Jahr 1900 entdecken Sie erst, wenn Sie den Vorhang zum Hinterzimmer beiseite schieben: Hier versteckt sich eine Kabarettbühne in bester Vaudeville-Tradition samt Bühnenbeleuchtung. In dem Zimmer, das wie ein Schmuckkästchen mit allerlei Buntem ausgeschlagen ist, treten jeden Abend von der Mitbesitzerin Juliana Nash ausgesuchte Dichter und Bluegrass-Bands auf. Dienstag und Mittwoch, die Tage mit Bingospiel und Wissensquiz, sind besonders in der Vintage-T-Shirts tragenden Szene beliebt.

HAUTE COUTURE IN WILLIAMSBURG

3 ISA

163

GANZ DINER-STYLE

4 Diner

138

STEAK-SHOW

5 Peter Luger's Steakhouse

139

MARROKKANISCHES AMBIENTE

6 Oznoth's Dish

79 Berry Street

Es gibt zwei Tageszeiten, zu denen das marokkanisch inspirierte Lokal unwiderstehlich ist. Zunächst zur Brunchzeit, die sich von Mittag bis 15 Uhr erstreckt und mit recht ungewöhnlichen Frühstücksvariationen wie French Toast mit Kardamom, Rosinen, Muskat, Joghurt und frischen Früchten oder pochierten Eiern im Räucherlachsmantel auf Mais-Frittata lockt. Man sitzt drinnen zwischen Familien und Galeriebesuchern auf durcheinander gewürfelten Stühlen oder im sonnigen Wintergarten hinter dem Restaurant. Später dann, am frühen Abend, lehnt man sich an die mit Mosaiken üppig verzierte Bar und wählt von der langen Weinkarte.

NEUE TENDENZEN

7 Momenta Art

72 Berry Street

Momenta Art ist die gänzlich unkommerzielle Galerie des Künstlers Eric Heist. Eric veranstaltet in dem makellos weißen, schachtelgroßen Raum Zweipersonenshows mit Augenmerk auf amerikanische Künstler. Seine thematischen Ausstellungen wie *Pop Patriotism* – kuratiert als Reaktion auf das nationale Fahnenschwenken nach den Ereignissen am 11. September 2001 – regen stets zum Nachdenken an. Zu jedem Event verschickt die Galerie einen Newsletter, der über die Künstler und ihre Werke informiert.

AVANTGARDE-FRONT

8 Pierogi 2000

177 North 9th Street

Ihren Namen verdankt die Galerie – sie ist eine der renommiertesten des Viertels – dem Lieblingsknödel der polnischen Nachbarn. Pierogi 2000 organisiert monatliche Ausstellungen mit Werken von Künstlern aus Williamsburg, Brooklyn und Umgebung. Sie können in den Arbeiten von 500 zumeist amerikanischen Künstlern stöbern – solange Sie die weißen Handschuhe tragen, die man Ihnen reicht! Die flach gelagerten ungerahmten Originale sind erschwinglich und stammen aus den Ateliers so bemerkenswerter Künstler wie Lawrence Weiner, Keith Tyson und Bob und Roberta Smith.

WILLIAMSBURGS KÜNSTLERBAR

9 Galapagos

70 North 6th Street

Auf der Straße kennzeichnet eine rote Lampe nicht besonders auffällig eine Tür. Über eine Stahlgangway, die sich über ein öliges, dunkel reflektierendes Becken spannt, gelangt man schließlich in die Bar selbst. Der garagenähnliche Raum in einer alten Mayonnaisefabrik ist die mit Kerzen ausgeleuchtete Kulisse einer Varietéshow (montagabends), zahlloser experimenteller Performances, Off-Szene-Filmvorführungen, Präsentationspartys für neue CDs und Literaturlesungen.

bryson
ence in Cultural Encounter
OXFORD
Minnesota
PROJECT
BELKNAP/HARVARD
GOLLANCZ
BERNSTEIN
DERYCK
BEYLEVELD
Chicago
SON DEMANDS
THOUGHT
ALSO
LEAR
Open
LEITCH
Claude L
Outka and Reeder
PROSPECTS FO
Beyond Realism an
Lyotard

SCHMÖKERN IN EINER SCHATZKISTE

10 Spoonbill & Sugartown

218 Bedford Avenue

Dieser wunderbare Buchladen liegt im Realform Girdle Building direkt im Zentrum von Williamsburg an der coolen Bedford Avenue. Man hat sich auf gebrauchte, seltene und neue Bücher über Gegenwartskunst, Kunstgeschichte, Architektur und Design spezialisiert, und zum Inventar gehören ein paar große schläfrige Katzen, die sich zwischen den Bücherstapeln rekeln, die darauf warten, in die Regale geräumt zu werden.

COOLES DINER

11 Relish

225 Wythe Avenue

Der Traum eines jeden Location-Scouts: Das silberne Diner mit Originaleinrichtung und idyllischem Innenhof ist einer der beliebtesten Treffpunkte in Williamsburg. Die Küche setzt ganz auf Verwöhnkost, was sich in Klassikern wie Cheeseburger mit »geräucherten« Riesenzwiebelringen (sie werden in einem Teig mit Zimt und Cayennepfeffer gewälzt und dann ausgebacken) niederschlägt. Die eigenwillig coole Kellnerschar spielt selbst gemixte CDs.

CLUBROCK

12 Luxx

256 Grand Street

Sie ist das inoffizielle Hauptquartier der Electroclash-Revolution und Initiatorin der hedonistischen Gay Night »Berliniamsburg«: die Rockhöhle von Larry Tee mit einer Fangemeinde von Clubgängern um die dreißig und darüber. Reflektierende Tapeten und ein Hightech-Soundsystem verleihen den Auftritten lokaler und nationaler Rockbands einen Hauch von Glamour.

BIKER-BAR

13 Moto

394 Broadway

Jüngster Zugang in der lässigen Barszene von Williamsburg ist das Moto. Die Motorradenthusiasten Billy Phelbs und John McCormick haben eine baufällige Wechselstube in eine Kneipe mit Motorraddeko und Imbisskarte verwandelt. Das Moto liegt im Süden von Williamsburg, wo eine jüdische und eine puerto-ricanische Gemeinde aufeinander treffen, und ist Vorreiterin einer Szene, die bald auch diese Nachbarschaft erobern wird.

KUNST AUF DER SCHULBANK

14 P. S. 1 Contemporary Art Center

22–25 Jackson Avenue

Die Gänge und Klassenzimmer der umgebauten Public School No. 1 hallen wider vom Klang der Prada-Absätze zeitgenössischer Kunstliebhaber. Lassen Sie sich die magische Begegnung mit einem schmalen Stück bewegtem Himmel im James Turrell Room nicht entgehen! Für weniger klaustrophobe Besucher empfiehlt sich Robert Wogans Installation im vierten Stock: Ein rabenschwarzer, sich verjüngender Gang mündet schließlich in einem pyramidenförmigen Raum, wo ein Video über das P.S. 1 vor seiner Renovierung gezeigt wird. Jedes Jahr verwandelt ein aufsteigender Stern am Architektenhimmel den Innenhof in einen urbanen Spielplatz. Bill Massie, Lindy Roy und ShoP haben bereits mitgewirkt. In der Installation, die häufig mit dem Thema Wasser spielt, finden samstagnachmittags wilde DJ-Warm-up-Sessions statt.

STADTSAFARI DER MODERNEN KUNST

15 MoMA QNS

4520 33rd Street

Die neue provisorische Heimat des Museums für moderne Kunst ist die ehemalige Swingline Staple Factory in Long Island City, Queens. Zusammen mit den Grafikern der Firmen Base und 212 Associates hat sich der Architekt Michael Maltzan des Gebäudes angenommen und Paneele mit jeweils einem Stück des MoMA-Logos so auf dem Dach angebracht, dass der Schriftzug des modernen Kunstriesen schrittweise sichtbar wird. Von der Linie 7 aus – sie wird hier über eine Brücke geführt – hat man einen guten Blick darauf. Die Ausstellungsräume sind sehr zurückhaltend, und man tut wenig, um den industriellen Charakter des Gebäudes zu kaschieren. Die eigentlichen Räume des Museums in der 53rd Street eröffnen im Jahr 2005 wieder. Sie werden zurzeit nach den Entwürfen des japanischen Architekten Yoshio Taniguchi renoviert und erweitert.

PLASTISCHE STILLE

16 Isamu Noguchi Garden Museum

32–37 Vernon Boulevard

Dreizehn Galerieräume und -freiflächen in einem umgebauten Fabrikgebäude umringen den friedlich-heiteren Garten mit Noguchis gewaltigen Granit- und Basaltskulpturen. Die Fabrik war Büro, Werkstatt und Lager des japanischen Bildhauers, Möbeldesigners, Bühnenbildners und Landschaftsgestalters. Gezeigt werden mehr als 240 von Noguchis Arbeiten, darunter Skulpturen aus Stein, Metall, Holz und Ton, Modelle von öffentlichen Projekten, Gärten und Bühnenbildern für das Tanztheater. Seine Lichtskulptur *Akari* ist im Ladencafé des Museums erhältlich – ein Stück Zen zum Mitnehmen. Das Museum ist derzeit provisorisch in der 36-01 43rd Avenue in Long Island City untergebracht, also erkundigen Sie sich vor dem Besuch, wo die Ausstellung gerade zu sehen ist.

KUNST AM FLUSS

17 Socrates Sculpture Park

Broadway und Vernon Boulevard

Am Ufer des East River bei Long Island City, vor der Wolkenkratzerkulisse von Midtown, liegt ein Skulpturenpark, der monumentale Werke von aufsteigenden wie arrivierten Künstlern vorstellt. Der Socrates Sculpture Park war ein verwahrlostes Stück Landaufschüttung am Fluss mit illegaler Müllhalde, als 1986 eine Initiative von Künstlern und Gemeindemitgliedern unter der Leitung des Künstlers Mark di Suvero das Gelände in ein Freilichtatelier mit Ausstellungsfläche und Park für die Anwohner verwandelte. Die Ausstellungen wechseln halbjährlich. Besucht man den Park ein oder zwei Monate vor einer Eröffnung, kann man bei der Entstehung der neuen Plastiken zusehen.

P.S.
THE INSTITUTE FOR CONTEMPORARY ART

ART

ONE WAY
WAY
WYCKOFF ST

Park Slope
Smith Street
Fort Greene

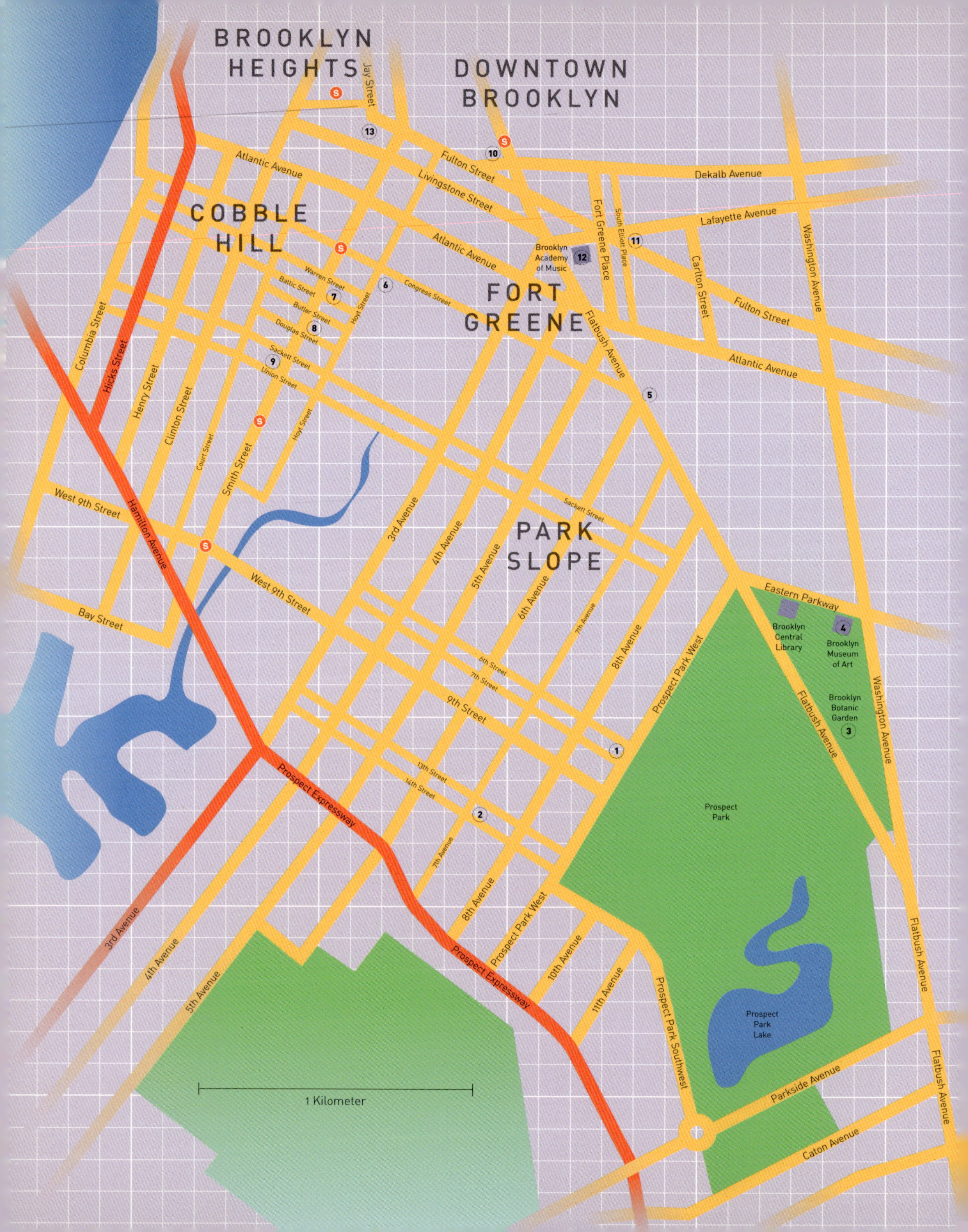

BROOKLYN HEIGHTS
DOWNTOWN BROOKLYN
COBBLE HILL
FORT GREENE
PARK SLOPE
Jay Street
Atlantic Avenue
Fulton Street
Livingstone Street
Dekalb Avenue
Lafayette Avenue
Fort Greene Place
South Elliott Place
Carlton Street
Washington Avenue
Brooklyn Academy of Music
Warren Street
Baltic Street
Butler Street
Douglas Street
Sackett Street
Union Street
Congress Street
Hoyt Street
Columbia Street
Hicks Street
Henry Street
Clinton Street
Court Street
Smith Street
Flatbush Avenue
West 9th Street
Hamilton Avenue
Bay Street
3rd Avenue
4th Avenue
5th Avenue
6th Avenue
7th Avenue
8th Avenue
Sackett Street
6th Street
7th Street
9th Street
13th Street
14th Street
Eastern Parkway
Brooklyn Central Library
Brooklyn Museum of Art
Brooklyn Botanic Garden
Prospect Park West
Prospect Park
Prospect Expressway
10th Avenue
11th Avenue
Prospect Park Southwest
Prospect Park Lake
Parkside Avenue
Caton Avenue
1 Kilometer

»No! Sleep! Till Brooklyn!« 1990 mag der Kampfruf der Beastie Boys noch seine Berechtigung gehabt haben, doch heute ist in Brooklyn genug los, um Besucher die ganze Nacht auf den Beinen zu halten. Eine Reihe von Nachbarschaften – unter ihnen Dumbo, Smith Street, Fort Greene und Red Hook – sind aufblühende Szenen, die sich einen Stern auf New Yorks Landkarte der Trend-Locations ertrotzt haben. Die sich am schnellsten entwickelnden trendigen Ziele liegen in der Umgebung der drei Brücken, die Brooklyn mit Lower Manhattan verbinden. Park Slope ist die älteste der In-Szenen. Das Viertel kann für sich in Anspruch nehmen, es auf die höchste Dichte von Kinderwagen in den USA zu bringen. Es ist unmöglich, seinen Sojamilch-Cappuccino weiter als ein paar birkenstockbewehrte Schritte zu tragen, ohne auf ein junges – und nicht selten gleichgeschlechtliches – Elternpaar mit Kinderwagen zu treffen. Die Brownstones und Stadthäuser der Gegend entstanden Anfang des 19. Jhs. auf der Manhattan zugewandten Seite des Prospect Park in den Jahren nach seiner Eröffnung und der Fertigstellung der Brooklyn Bridge.

Brooklyns angesagteste Szene tobt sich in einem Abschnitt der Smith Street aus, der in Boerum Hill anfängt – einem Wohngebiet, dessen Mieten durch die Nähe zu den Sanierungsprojekten gedrosselt werden – und im italienisch geprägten Carroll Gardens endet. Bis in die späten 1990er, als Sanierungsprojekte ersten Restaurants wie dem Patois den Weg ebneten, war dieser Abschnitt soziales Sperrgebiet. Heute bevölkern einkaufende Passanten und Restaurantbesucher die Allee. Bei Tag kann man sich in Modeboutiquen oder Einrichtungsgeschäften umsehen. Am Abend lässt man sich im Café LuluC oder im Bar Tabac Bistrokost schmecken oder genießt die gehobene Cuisine im Grocery. Die Palette feuchtfröhlicher Treffpunkte reicht von Klassikern wie dem Brooklyn Inn bis hin zu gestylten Clubs wie dem BarBelow.

Das allseits bekannte Bild von Fort Greene hat Spike Lee gezeichnet, der das kunstbeflissene und gebildete afroamerikanische Viertel, in dem er aufwuchs, in seinen berühmten bittersüßen Filmporträts festgehalten hat. Auch wenn prachtvolle Brownstones aus dem späten 19. Jh. die Straßen von Fort Greene im Süden und Osten des Parks säumen und das Nachtleben um Lafayette Street und DeKalb Avenue jung und dynamisch ist – der historische Kern von Fort Greene ist noch heute von den ethnischen und wirtschaftlichen Spannungen gezeichnet, die Spike Lee beschrieben hat. Französische Bistros wie das Loulou, Chez Oscar, A Table und Liquors versorgen die Scharen aus der Brooklyn Academy of Music (BAM), und eine stetig wachsende Zahl junger Urban Professionals genießt die an schwarzer Kultur reiche Umgebung.

IDYLL IM PARK

1 Bed & Breakfast on the Park

116

DURCHGEKNALLTE ASSEMBLAGE

2 McSweeney's Store

166

GARTENGLÜCK

3 Brooklyn Botanic Garden

1000 Washington Avenue

Der für sein Kirschblütenfest bekannte Brooklyn Botanic Garden ist eine der am angesehensten und bedeutendsten botanischen Einrichtungen des Landes. Gehen Sie unter den mit Glyzinien überwachsenen Bögen hindurch zum Rosengarten, in dem 1200 Rosenarten gezüchtet werden. Zum jüngst restaurierten japanischen Garten gehört ein echtes Teehaus. Es blickt auf einen Teich voller Schildkröten und Riesen-Koi. Ein Graureiher ist häufiger Gast am Teich und macht das friedliche Bild vollkommen. Die Gewächshäuser hüten eine der weltgrößten Bonsaisammlungen, einige der kleinen Bäume sind über 100 Jahre alt. Der 1910 gegründete Brooklyn Botanical Garden hat eindeutig mehr Charme als sein größeres Gegenstück in der Bronx.

KUNST IM PARK

4 Brooklyn Museum of Art

200 Eastern Parkway

Das Brooklyn Museum of Art ist das zweitgrößte Kunstmuseum der Stadt New York und eines der größten in den USA. Obwohl seine Bekanntheit größtenteils von dem Streit mit Ex-Bürgermeister Giuliani herrührt, der dem Museum 1999 die Unterstützung für die Ausstellung »Sensation« strich, ist seine ständige Sammlung von nicht zu unterschätzender kultureller Bedeutung. Sie umfasst mehr als 1,5 Millionen Objekte, von antiken ägyptischen Meisterwerken bis hin zu zeitgenössischer Kunst. Die im 19. Jh. von McKim, Mead & White im Beaux-Arts-Stil angelegte Fassade des Museumsbaus wird zurzeit unter der Regie von Polshek Partnership Architects renoviert und um einen Eingangspavillon ergänzt. Jeden ersten Samstag im Monat findet ein vielseitiges Musik- und Unterhaltungsprogramm statt.

MYTHISCHE WARENWELT

5 Castor and Pollux

174

AM POLIERTEN TRESEN

6 Brooklyn Inn

148 Hoyt Street

Das Brooklyn Inn ist eine klassische alte Bar aus dem Jahr 1868 mit einem prunkvollen Tresen, riesigen Spiegeln und einer Metallkassettendecke. Bei Tag dringen Lichtstrahlen durch die staubigen Fenster und fallen auf die Notizbücher der trinkfesten Stammgäste, unter denen sich ein ungewöhnlich hoher Anteil an Schriftstellern findet. Diskutieren Sie mit ihnen über Kierkegaard, oder spielen Sie im Hinterzimmer eine Runde Pool. Abends füllt sich das Lokal mit jungen Professionals, die hier nach einem harten Tag »in der Stadt« ausspannen. Über der neugotischen Ladenfassade aus Eisen und Holz hängt nur ein »Pilsener Urquell«-Neonschild. Fragen Sie einen Einheimischen nach dem Weg in die Eckkneipe. Er wird ihn kennen.

WEIN UND KÄSE

7 Sherwood Café at Robin des Bois

153

ENTSPANNTES MUSIC-CAFÉ

8 Halcyon

227 Smith Street

Eine glitzernde Schar von DJ-Stars und -Sternchen legt Nacht für Nacht im Halcyon auf. Die Beschallungsanlage des multifunktionalen Raums, der sowohl Bar und Café als auch Plattenladen und Vintage-Shop für Haushaltswaren ist, hat David Soto entworfen, und die Fünfzigerjahre-Möbel der Einrichtung kann man erwerben. Die Getränkeliste mit Bier, Wein und Kaffee ist kurz, aber die Hauptattraktion ist ohnehin die Musik.

MARKTFRISCH

9 Grocery

288 Smith Street

Dreizehn schlichte Tische mit Papiertischdecken in einem schmucklosen Laden bilden ein Restaurant, das mit seiner schmackhaften Küche längst über den Status des Nachbarschaftslokals hinausgewachsen ist. Die Küchenchefs und Inhaber Charles Kiely und Sharon Pachter nehmen sich beim Servieren der hausgemachten Würstchen, der Skirt Steaks oder der Ente in Weinsauce Zeit für ihre Gäste. Marktfrische Zutaten, bestes Fleisch und bester Fisch sind die Grundlagen der Cuisine. An Sommerabenden sitzt man schön im efeubewachsenen Innenhof unter einem großen Feigenbaum.

BROOKLYN
MUSEUM OF ART
open

BAR
Junior's

DER BESTE KÄSEKUCHEN DER WELT

10 Junior's

386 Flatbush Avenue

Seit dem Tag, an dem Harry Rosen im Jahr 1950 das Junior's in der Flatbush Avenue eröffnete, backen drei Generationen seiner Familie die »fantastischsten Käsekuchen der Welt« und mixen Egg Creams (ein Drink aus Schokoladensirup, Soda und Milch) für Nachbarn und Gäste von der anderen Seite der Manhattan Bridge. Die Gerichte sind eine Mischung aus koscherem Deli, Soul Food und klassischer Diner-Kost.

DIE SEELE DES JAZZ

11 Frank's Lounge

660 Fulton Street

Obwohl das Frank's jeden zweiten Freitag in der oberen Etage das angesagte Event »Bang The Party« veranstaltet, kommen sonst eher Leute aus der Nachbarschaft hierher. Schwarze in dreiteiligen Anzügen und Filzhüten lehnen diskutierend am Tresen, während ihre Begleiterinnen an den Tischen sitzen. Würde man den schäbigen Teppich, die niedrige Decke oder die dunkle Wandtäfelung für sich betrachten, wäre der Club wenig anziehend. Kommt man aber donnerstags, wenn Lonnie Youngblood das Saxophon bläst und die »Oldtimer« Hof halten, sieht man sich in ein Fort Greene lange vor Spike Lee und Notorious B.I.G. zurückversetzt.

SPANNENDE AUFTRITTE

12 Brooklyn Academy of Music

20 Lafayette Street

Das kürzlich restaurierte Gebäude aus dem 19. Jh. ist eine Säule der Kultur in Fort Greene und der Welt weit über Brooklyns Grenzen hinaus. Die Academy, kurz BAM genannt, veranstaltet Opern- und Tanzaufführungen in eklektischer Mischung sowie experimentelle Performances von Größen wie Robert Wilson, Lou Reed, Philip Glass und Laurie Anderson. BAM Rose Cinemas gilt als eines der besten Filmtheater der Stadt. Im eleganten Café im Haus kann man vor Veranstaltungen einen Imbiss und einen Drink nehmen. Neben regelmäßig über das Jahr verteilten Auftritten organisiert das BAM auch eine Reihe von Festivals, nicht zuletzt das beliebte New Wave Festival, das seit 1983 stattfindet.

STEAK UND FISCH

13 Gage and Tollner

144

New Yorks Style-Adressen

Schlafen

Spektakuläre Empfangshallen, exklusive Bars und erstklassige Restaurants, subtil orchestriertes Sehen und Gesehenwerden – ein Muss in New Yorks Hotels und lebendiges Vermächtnis der gestalterischen Revolution, die in den 1980ern Hotels zu verändern begann. Hoteliers, allen voran Ian Schrader, verbündeten sich mit gefeierten Innenarchitekten, um ein Rundumerlebnis zu kreieren, das von der Vase im Bad bis zu den Streichholzheftchen in der Bar reicht. Ihre Idee des Boutique-Hotels hat Nachahmer in der ganzen Welt gefunden; die hier vorgestellten Herbergen jedoch wurden ausgewählt, weil sie sich von der Masse absetzen, ihrer Einzigartigkeit, ihres Eklektizismus oder ihrer Exzentrizität wegen.

IDYLL IM PARK

106 Bed and Breakfast on the Park

1 113 Prospect Park West
Zimmer ab $ 250

Prospect Park, die Vision einer ländlichen Idylle von Frederick Law Olmsted und Calvert Vaux aus dem Jahr 1873, liefert 217 Hektar grünen Nervenbalsam für gestresste Brooklyner. Auf seiner Westseite, hinter der 36 Hektar großen Rasenfläche, die als Long Meadow bekannt ist, blickt die breite Straße Prospect Park West über einen Abhang hinunter auf das Viertel Park Slope an dessen Fuß. Noch heute schmücken sie Stadthäuser, die in den späten 1880ern erbaut wurden. Erst kurz zuvor hatte die Fertigstellung der Brooklyn Bridge für eine bessere Anbindung an Manhattan gesorgt. Nummer 113, ein 1892 erbautes vierstöckiges Haus aus braunem Sandstein (Brownstone), zählt zu den erlesensten Beispielen viktorianischer Architektur in Brooklyn. 1987 in ein Bed & Breakfast umgestaltet, verfügt das Gebäude über neun Zimmer, einige mit Aussicht auf die Freiheitsstatue, die vorderen blicken auf den Park. Die Inhaberin und Gastgeberin Liana Paolella, eine Antiquitätenhändlerin, hat das Haus mit Objekten aus dem eigenen Geschäft ausgestattet, die aus der Zeit von 1850 bis zur Jahrhundertwende stammen, und diese mit schönen Bildern aus der Gemäldesammlung ihrer Familie ergänzt. Die originalen Verzierungen im Salon bestehen aus kunstvoll verschlungenen Schnitzarbeiten aus Eiche, afrikanischem Mahagoni und Vogelaugenahorn. Zur Suite in der obersten Etage gehören neben einem reich mit französischer Spitze bedeckten Himmelbett und einem großen altmodischen Bad auch eine Sitzecke und ein Dachgarten mit Blick auf die Skyline. Im viktorianischen Speisezimmer, das bunte Erkerfenster in vielfarbiges Licht tauchen, wird das Frühstück eingenommen: ein Festmahl aus selbst gebackenem Brot, Pfannkuchen, leichten Crêpes, Quiche Lorraine und hausgemachten Marmeladen und Gelees, in Schalen von Waterford und Geschirr von Royal Crown Derby auf einem gewaltigen, mit irischem Leinen bedeckten Tisch serviert. Verlassen Sie sich darauf, Sie werden gut gestärkt zu Ihrem Erkundungsausflug in Brooklyns »Villages« Park Slope, Fort Greene und Boerum Hill aufbrechen.

EINE COOLE ADRESSE IN SOHO

14

60 Thompson

32

60 Thompson Street

Zimmer ab 200 $

Gäste des 60 Thompson erwartet ein eindrucksvolles Vergnügen: der Panoramablick vom Dachgarten über die Spitzen der Wassertürme im Vordergrund hinweg auf die Skyline von Manhattan. Die Aussicht reicht vom Empire State Building im Norden über den Hudson River bis nach New Jersey ganz im Westen. Die Eigentümerin des Hotels, die Pomeranc Group, sicherte sich die fantastische Aussicht, indem sie von allen Nachbargebäuden des 13-stöckigen Hotels die entsprechenden Luftrechte erwarb. Steve Jacobs, einer der Vorreiter der Umwandlungswelle von Industriegebäuden in Lofts im Soho und Tribeca der 1980er, war der Architekt, und Thomas O'Brien gestaltete die Innenräume. O'Brien, zu dessen Klienten auch Giorgio Armani und Ralph Lauren gehören, ließ sich zu seinen Ideen für das Hotel von unterschiedlichsten Quellen inspirieren, etwa von dem Marmorboden eines reflektierenden Beckens in Pompeji, von einer Fotografie aus dem Jahr 1942, auf der sich Burt Lancaster auf einem langen Sofa in seinem Haus in Malibu entspannt, und vom Minimalismus des französischen Innenarchitekten Jean-Michel Frank aus den 1930ern. Besucher betreten das in angenehmer Entfernung von Sohos Zentrum, zwischen Spring und Broome Street gelegene Hotel durch einen mit weißen Birken bepflanzten Innenhof. Die Eingangshalle stellt die wiederkehrende Farbpalette an Braun-, Grau- und Rottönen vor und führt den Gast in den lichterfüllten Empfangsbereich hinauf. Auf der offenen nächsten Etage liegen Bar und Lounge. Den Mittelpunkt jedes Zimmers bildet das Bett vor einer ledergepolsterten Wand am Kopfende. Zu den Möbeln in Grau- und Brauntönen gehören ein Sofa, ein Thompson-Stuhl mit hoher Lehne (einem englischen Deco-Liegesessel nachempfunden, den O'Brien in London entdeckte) und eine Anordnung aus dunklen Holztischen, die den üblichen Hotelschreibtisch ersetzt. Das Kronjuwel des Hotels ist das 185 Quadratmeter große doppelstöckige Penthouse-Loft mit dem von vier Pfosten umgebenen Doppelbett und zwei privaten Gartenebenen.

GRAMERCY FOREVER

52 **Gramercy Park Hotel**

1 2 Lexington Avenue
Zimmer ab 180 $

Das Gramercy Park Hotel, 1927 von Thompson und Churchill errichtet, ist ein Backsteingebäude im Stil der Neorenaissance. Es sollte später das Zuhause eines zukünftigen Präsidenten werden: Der elfjährige John F. Kennedy lebte hier mit seinen Eltern Rose und Joseph F. Kennedy. Der Dachgarten des Gebäudes lieferte die Kulisse für die Hochzeit des 27-jährigen Humphrey Bogart mit Helen Mencken. Das Hotel blickt auf den Gramercy Park, eine schöne und sehr private Oase, den die Gäste – sie bekommen für die Dauer ihres Aufenthaltes einen Schlüssel zum Garten – Planer Samuel Ruggles verdanken. Der durch ein Tor geschützte Park, cingebettel zwischen historischen Gebäuden, zu denen der Gothic Revival National Arts Club und Brownstone-Häuser aus dem frühen 20. Jh. gehören, ist das Herz eines außerordentlich schönen Stadtviertels, das immer schon bevorzugte Wohngegend der New Yorker Oberschicht war. Die Hotelbar, in der Baseballlegende Babe Ruth mehr als einmal höflich zum Gehen aufgefordert wurde, strahlt verschlissene Noblesse aus. In den 1970ern war die Bar ein Treffpunkt von Rockstars. Regisseur Cameron Crowe nutzte sie als Drehort für seinen Film *Almost famous – Fast berühmt* (2000). Die edel verblasste Grandezza und die exzentrischen Inhaber, in deren Familienbesitz es sich bis heute befindet, sichern dem Gramercy seinen Platz im Herzen seiner langfristigen Mieter und Stammgäste.

VERGANGENE ZEIT DER UNSCHULD

52 The Inn at Irving Place

7 56 Irving Place
Zimmer ab 350 $

In das kleine, diskret verborgene Hotel gelangt man über die steilen Stufen einer kleinen Treppe, die vom Bürgersteig in die Empfangsetage führt. Hat man das Haus, das aus der Verbindung zweier Stadthäuser aus den 1830ern entstand, betreten, liegt zur Linken das Lady Mendl's, ein mit Antiquitäten eingerichteter Teesalon, wo man fünfgängigen High Tea serviert, inklusive Sandwiches der edlen Sorte – mit hauchdünnen Gurkenscheibchen und Räucherlachs. Das Dutzend stimmungsvoller Gästezimmer, die Besitzerin Naomi Blumenthal zusammen mit Larry White 1994 restaurierte, besticht durch Kamine (leider nicht funktionstüchtig, aber in den Wintermonaten brennt im Salon ein wärmendes Feuer) und Hartholzböden, antike Schränke, Messingbetten, orientalische Teppiche und alte Lampenfassungen und -schalter. Einige Gäste vergleichen dieses Hotelerlebnis mit einer Übernachtung bei der exzentrischen Großtante, aber das Bed & Breakfast hat deutlich mehr romantisches Potenzial, als eine solche Aussage vermuten ließe. Die Madame Olenska Suite – eine Reverenz an die Schriftstellerin Edith Wharton, die einst am nahen Gramercy Square lebte – ist die größte des Hotels. Glanzstücke der Suite sind der Sitzplatz am Fenster mit Blick über den Irving Place, eine antike Schreibmaschine und ein Wohnzimmer, in dem Sie sich Ihr Frühstück über der *New York Times* schmecken lassen oder Gäste empfangen können. In jedem Badezimmer gibt es ein Säulenwaschbecken im Stil des frühen 20. Jhs. und Messingarmaturen. Und obgleich solcher Luxus Sie verführen könnte, in der löwentatzigen Badewanne liegen zu bleiben und in Edith Whartons *Zeit der Unschuld* zu schmökern – begeben Sie sich auch an zeitgenössischere Orte, kurze Spaziergänge vom Hotel entfernt. Wenige Blocks im Südwesten liegt der Union Square. Ursprünglich 1831 angelegt, findet hier heute der Greenmarket statt (S. 97), außerdem ist der Platz eine bedeutende unterirdische Drehscheibe der New Yorker Subway. Fahren Sie mit der Linie L drei Stationen Richtung Brooklyn und erforschen Sie New Yorks jüngste, vital pulsierende Kunstszene im hippsten Teil der Stadt: Williamsburg.

IT
HAPPENS
ON
ICE

STILLER EKLEKTIZISMUS

66

City Club Hotel

27

55 West 44th Street

Zimmer ab 300 $

Die Eröffnung des City Club Hotel im März 2002 signalisierte den Aufbruch in eine neue Ära, den Post-Boutiquismus. Jeff Klein nennt seinen Hafen für Reisende ein »Anti-Boutique-Hotel« mit passender »Anti-Lobby«. Und tatsächlich hat man die Lobby bewusst unauffällig gehalten. Mit dem roten Kaffeetisch, dem gewachsten Korkboden und dem Sitzplatz am Fenster wirkt sie eher wie der Eingangsbereich eines Privathauses als wie der eines Hotels mit 65 Zimmern im Theaterviertel Manhattans. Innenarchitekt Jeffrey Bilhuber hat sich für eine eklektizistische Ästhetik entschieden. Im Zwischengeschoss stehen Queen-Anne-Stühle neben solchen von Brancusi, und ein Mylar-Mobile von Fabien Baron bildet das Gegengewicht zu den Theaterplakaten, allesamt Sammlerstücke. In den Gästezimmern entfaltet Bilhuber seine ganz eigene Mischung aus traditionellen und modernen Empfindsamkeiten. Die Bäder zieren dunkler Marmor und Chromnickel, die Möbel sind aus honduranischem Mahagoni, und die Schmuckobjekte wurden aus einem Spektrum ausgewählt, das von edlen Jonathan-Adler-Stücken bis zu Flohmarktfunden reicht. Und gerade wenn man zu glauben beginnt, es gehe hier allein um Stil, sorgen Details für greifbaren Luxus: Badeprodukte von Hérmes, Bettwäsche von Frette, Unterhaltungselektronik und Temperaturregelung. All das summiert sich zu einer zeitgenössischen Version von Behaglichkeit.

»I REMEMBER YOU WELL IN THE CHELSEA HOTEL«

34 **Hotel Chelsea**

20 222 West 23rd Street

Zimmer ab 200 $

Längst überragen die Legenden vom Chelsea den eigentlichen imposanten Bau im Stil der viktorianischen Neugotik, der den Großteil des Blocks zwischen der 7th und 8th Avenue auf der 23rd Street beherrscht. Die rote Ziegelfassade des Chelsea und die verschnörkelten gusseisernen Balkone sind das Werk von Hubert Pirsson & Co., die das Hotel 1884 als erstes gemeinnütziges Wohnungsbauprojekt der Stadt errichteten. Dramatische Szenen spielten sich in seinen Zimmern und Fluren ab: In Nr. 100 erstach Sid Vicious von den Sex Pistols seine Freundin Nancy Spungen (vier Monate später beging er Selbstmord), Dylan Thomas nahm seinen letzten Drink in Zimmer 205. Die Gästeliste des Chelsea liest sich wie ein Index der amerikanischen Literatur des 20. Jhs.: Zu den Dauermietern zählten Mark Twain, Tennessee Williams, Arthur Miller und O. Henry. Arthur Clarke arbeitete hier an *2001: Odyssee im Weltraum*, und William Burroughs schrieb in seinen Wänden *Naked Lunch*. Aber die Lage des Hotels im Galerienviertel der Stadt und seine Gäste, etwa Jim Dine, Claes Oldenburg und Warhols Chelsea Girls, haben ihm auch den zweifelhaften Ruf als Schlafquartier der Welt der Kunst eingetragen. Holly Solomon führt in Zimmer 425 eine Galerie, und die Empfangshalle dient parallel als Ausstellungsraum für die Kunstwerke früherer Gäste des Hauses. Seien Sie gewarnt, das schräg-coole Volk, das im Chelsea residiert, grenzt gefährlich an das Anrüchige. Aber wenn Sie Hotels lieben, in denen Sie, wie Leonard Cohen schrieb, »um vier Uhr morgens mit einem Zwerg, einem Bären und vier Damen in Ihrem Zimmer verschwinden können und das niemanden auch nur im Geringsten interessiert«, dann werden Sie sich hier wohl fühlen. Seit 2001 findet sich eine deutlich weniger abgerissene Klientel in der Schlange unter dem Hotelbaldachin zusammen, um auf Einlass in das mit Samttauen abgesperrte *Serena* zu warten, eine todschicke unterirdische Cocktailbar, die den Namen ihrer Besitzerin trägt, der Inhaberin eines bekannten New Yorker Catering-Service.

STEPFAT

LSEA

80

The Lowell

1 28 East 63rd Street
Zimmer ab 530 $

Skandinavische Daunendecken, chinesisches Porzellan, Drucke aus dem 18. Jh., Leckereien von Fauchon und Dean & Deluca in den Minibars, Annehmlichkeiten von Bulgari in den marmornen Badezimmern, Linnen von Frette – die Gästezimmer des Lowell atmen feinen Uptown-Luxus. Noch schwelgerischer sind die Suiten mit Kamin, Bibliotheken und Terrassen. Die diskrete Lage an der East 63rd Street im historischen Stadtteil Upper East Side und der formvollendete Service machen das Hotel so beliebt. Das Lowell, von Henry Stern Churchill in den späten 1920ern als Apartmenthotel mit 21 Suiten gestaltet, ist heute ein sehenswertes Gebäude: Die Fassade der unteren Etage schmückt ein Mosaik aus Ziegeln und glasiertem Terrakotta, weiter oben folgen terrassenartige Fassadenrücksprünge. Das prächtige Foyer stattete Dalmar Tift III mit Art-déco-Details aus, mit Möbeln im Stil des französischen Empire, Wänden in Helldunkelmalerei und einem von Edgar Brandt entworfenen Empfangstisch mit Seltenheitswert. Der einen Hauch zu erlesene Chintz der Hoteleinrichtung trifft vielleicht nicht jeden Geschmack, aber wenn Sie ein Landhaus nur einen Block vom Central Park entfernt schätzen sowie alle Museen in Uptown und die Boutiquen auf der Madison Avenue in Gehweite haben möchten, dann ist dies ein humorvolles Nirwana.

KÜNSTLERLOFT IN MIDTOWN

66 **Chambers Hotel**

28 15 West 56th Street

Zimmer ab 300 $

Das Chambers, geplant als ästhetische Gegenüberstellung eines Künstlerlofts in Downtown und eines von einem privaten Sammler bewohnten Stadthauses, zeichnet sich durch mehr als 300 Werke zeitgenössischer Kunst aus. Zwölf Künstler schufen für die Flure auf jeder der zwölf Gästeetagen Wandbilder, Gemälde und Skulpturen. Die geistreich-witzigen Sprüche ihrer Installation haben Bob und Roberta Smith in bunten Farben direkt auf die Flurwände des dritten Stocks gemalt. In den Zimmern dominieren sonst in der Schwerindustrie übliche nackte Sprinklerrohre, ein Leitungsskelett für die Beleuchtung, karge Rohputzwände und Betonplatten als Badezimmerböden. Für den dramatischen Effekt wird beim Betreten des Hotels auf eine Raumsequenz gesetzt: Der Gast tritt durch überdimensionale Türen aus schwarzem Walnussholz mit geschnitztem Korbgeflechtmuster ein und ist – um die Spannung zu steigern – im nächsten Moment in einem winzigen Vestibül gefangen, bevor er in die zwei Etagen hoch aufragende Empfangshalle gelangt. David Rockwell konnte das 15-geschossige Hotel (dank einer Finanzierung durch die Eigentümer des Mercer Hotel) neu hochziehen – eine seltene Chance für das Designerteam, denn die meisten Boutique-Hotels der Stadt sind Renovierungen bestehender Objekte. Zur Einrichtung der Gästezimmer gehören trauben- und kiwifarbene Filz-Ottomanen und Glastische auf lederbezogenen Sägeböcken. Die Fenster reichen vom Boden bis fast unter die Decke, und Balkontüren führen auf kleine Terrassen, die durch Rücksprünge in der Gebäudefassade entstehen. Auf dem Boden aus breiten Walnussplanken schaffen Teppiche aus Tibet und der Türkei Rauminseln. Einige Bäder überraschen mit einer handgekachelten Badewanne, in allen findet der Gast Kosmetikprodukte von Bumble and Bumble vor. Der ultimative Touch echten Midtown-Reichtums: Die Gästetelefone verbinden per Direktwahl mit dem persönlichen Einkäufer bei Henri Bendel. Er bringt Waren aus dem luxuriösesten Kaufhaus der Stadt direkt ins Hotelzimmer zur privaten Auswahl.

LOBBY DER MACHT

14 **Tribeca Grand Hotel**

19 2 Sixth Avenue

Zimmer ab 260 $

Als das Tribeca Grand im Jahr 2000 eröffnete, war das Risiko groß. Man erwartete von dem Neuankömmling, einem jüngeren Bruder des von den Großen der Mode- und Medienbranche bevorzugten Soho Grand, dass er ein eigenes deutliches Zeichen setzen sollte. Der Bau mit dezenter Ziegelfassade zitiert mit Granitsockel und Gusseisen auf angenehme Weise die architektonische Sprache der Nachbargebäude, doch wirkt er nicht besonders bemerkenswert. Treten Sie aber durch die von zuvorkommenden Portiers geöffneten Glastüren, wird Ihnen klar, in was die Hartz Group und ihr Architekt Larry Bogdanow investiert haben. Das 930 Quadratmeter große, acht Etagen hohe Atrium erfüllt mehrere Funktionen – Lounge, Warteraum, Bar, Restaurant und Treffpunkt –, und es ist zweifellos das Aufsehen erregende Prunkstück des Hotels. Ein wesentlicher Teil der visuellen Dramatik wird durch die Beleuchtung erzielt. Das abgestufte Beleuchtungskonzept von Focus Lighting definiert verschiedene Zonen, indem es Lichtstärken und -farben variiert und zugleich Details und Berührungsflächen hervorhebt. Eine Serie mit 66 Paraffinlampen vor einer mit Kupferkacheln ausgekleideten Nische an der Nordwand der Empfangshalle deutet einen Kamin an. Die Church Lounge, so hat man den Bereich im Hintergrund der Lobby getauft, ist ein beliebter Treffpunkt im Nachtleben. Gäste und Besucher rekeln sich in Ledersofas und Chenille-Armstühlen, während sie zu den Beats von Gast-DJs wie Nickodemus oder Zero 7 Cocktails nippen und es sich bei Baklava mit Entenconfit gut gehen lassen. Die 203 eher kleinen Zimmer – sie drängen sich an zwei Seiten des dreieckigen Innenhofs, und man erreicht sie über gläserne Fahrstühle in Stahlkäfigen – hat Calcin Tsao gestaltet. Betont wird ergonomischer Komfort für den auf Medien und Kommunikation angewiesenen Geschäftsreisenden. Zur durchdachten Ausstattung gehören Bose-Wave-CD-Spieler, Internetzugang via Fernseher, schnurlose Tastatur, schnurlose Telefone, Aeron-Bürostühle von Herman Miller und Badeprodukte von Kiehl.

Essen

Auf einen Quadratkilometer kommen in Manhattan rund 50 Restaurants, die zu jeder Tages- und Nachtzeit alle nur denkbaren nationalen und regionalen Küchen der Welt servieren – und allerlei abenteuerliche Verschmelzungen noch dazu. New York ist eine Stadt, in der man auf vielfältigste Weise auswärts isst. Zwei der aktuellsten Trends: Das Speisen im Hotel erfährt belebende Neuinterpretationen, und in der modernen amerikanischen Küche kommen erfinderisch (und manchmal eigenwillig) verarbeitete heimische Zutaten zu neuen Ehren, häufig in recht ausgefallenem Ambiente. Diese Auswahl greift Lokale mit außergewöhnlicher Küche oder bewährtem, oft dezentem Gespür für Stil auf: Restaurants, in denen nicht nur das Essen ein wahrer Genuss ist.

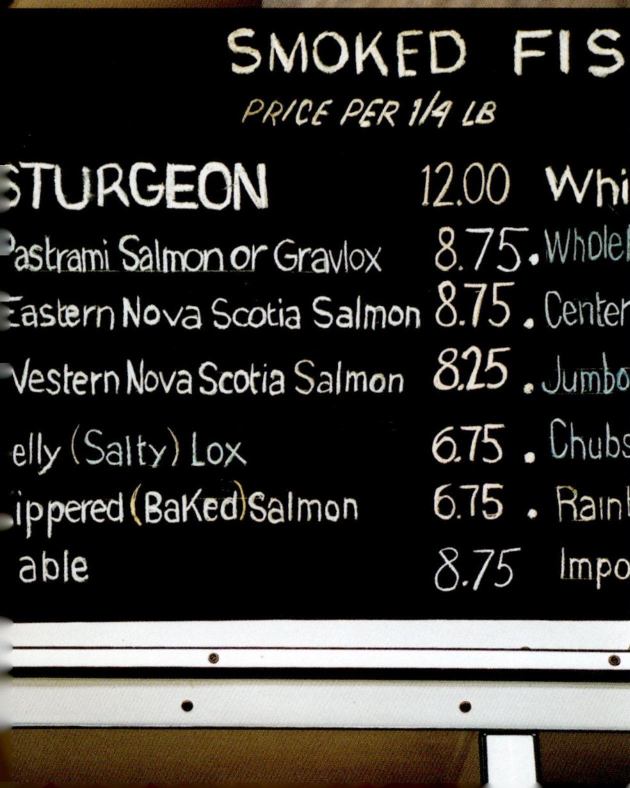

RÄUCHERFISCH IN ALTER TRADITION

80 Barney Greengrass Sturgeon King

22 541 Amsterdam Avenue

Das jüdische Deli öffnete seine Türen 1927, als die Familie Greengrass mit ihrem Geschäft aus Harlem in die Amsterdam Avenue umzog. Seitdem bietet es die ideale Umgebung, um das Lebensgefühl der Upper West Side zu kosten, das hier eindeutig nach Räucherfisch schmeckt. Einrichtung und Ambiente haben sich so perfekt erhalten wie die Herstellungsmethode für die Spezialität des Hauses: geräucherter Stör. Die Theken sind zum Bersten gefüllt: dreierlei Sorten russischer Kaviar, geräucherte Regenbogenforellen, Salzheringe, Räucherlachs, gehackte Leber, Pastrami und Bialys. Neonröhren über Vinyl und eine verblichene Wandverkleidung aus Kunststofflaminat sorgen für altmodische Diner-Atmosphäre. Familien aus der Upper West Side, Künstlertypen und verhutzelte, aber makellos gekleidete »Oldtimer« kommen samstags zum Frühstück: Rührei mit Nova-Scotia-Lachs und Zwiebeln, dazu ein Cream Soda. Gesellen Sie sich zu ihnen – bald wird sich das Gefühl einstellen, immer schon dazugehört zu haben.

STYLISCH-FRANZÖSISCH

66 **Brasserie**

11 100 East 53rd Street

Nachdem die ursprüngliche Brasserie im Untergeschoss des Seagram Building durch einen Brand in der Küche zerstört worden war, bot man dem Architektenteam Diller + Scofidio die Gelegenheit, das Restaurant neu zu gestalten. Als Verneigung vor dem Vorgängerlokal, in das gefährlich steile Stufen hinabführten, legten die Architekten eine zentrale gläserne Treppe an, die in einem flachen Winkel weit in die Mitte des Raumes führt. Flachbildmonitore über der Bar halten in Videostandbildern die Gesichter der letzten 15 Gäste fest, die das Restaurant betreten haben. So wird der dramatische Moment unterstrichen, wenn die Besucher aus dem Empfangsbereich treten. Eine Birnenholztäfelung fasst den Speisebereich mit Tischen aus Kunstharzplatten mit Kalkeinschlüssen und den mit weißem Leder gepolsterten »Executives«-Stühlen von Eero Saarinen ein. Der Chefkoch Luc Dimnet hat eine Bistrokarte zusammengestellt, die Klassiker der Brasserie in Fettdruck hervorhebt. Die maurischen Schokoladenbeignets sind ein Dessert, das sich wunderbar teilen lässt.

SCHICKES SUSHI

14 **Bond Street**

62 6 Bond Street

Der Mitinhaber des Bond Street, Jonathan Mort, sagt über Restaurantgestaltung: »Wenn Sie einen Raum schaffen, geht es nicht wirklich um Design. Es geht noch nicht einmal um Geschmack, sondern darum, eine Atmosphäre zu kreieren.« Die Atmosphäre, die der Architekt Ilan Waisbrod (Studio Gaia) für das moderne japanische Restaurant gestaltet hat, ist subtil und zurückhaltend. Übergroße Blumenarrangements setzen dramatische Akzente. Gestalterische Highlights in dem über drei Ränge angelegten Restaurant in einem Brownstone-Haus auf Nohos angesagter Bond Street sind auch die unbehandelten Walnussböden und -tische, geometrische Wandleuchter aus Papier und ein frei hängendes Gitterwerk aus Balken an der Decke. Hilfsbereiter Service verwöhnt das schicke Publikum, das sich hier in geselligen Runden die ungewöhnlich große Auswahl an Sushi schmecken lässt. Donnerstag-, Freitag- und Samstagabend herrscht der meiste Betrieb. Eine Adresse, die zu kennen Eindruck macht.

GANZ DINER-STYLE

94 **Diner**

4 85 Broadway

Dieses Diner, lebendiger Mittelpunkt des ultrahippen Viertels Williamsburg, ist das Mekka der Coolen. Seit die Besitzer Andrew Tarlow und Mark Firth 1999 das alte Diner aus dem Jahr 1927 aufpolierten, drängen sich an Freitagabenden und sonntagmorgens Künstler und Modefans aus einem rasch wachsenden Einzugsgebiet auf den Polsterbänken, um sich und andere in dem über die ganze Breite der Bar reichenden Spiegel zu beobachten. Die Musik ist laut – am Wochenende dreht abends ein DJ die Teller –, die Luft ist vom Rauch der Camel Lights geschwängert, und die Kellner bieten die richtige Mischung aus Freundlichkeit und Diskretion. Mit seinen wackeligen Barhockern und den gesprungenen Mosaikböden kultiviert das Diner einen Hauch von abgenutztem Charme. Die Speisekarte bietet ein gutes Preis-Leistungs-Verhältnis. Die Bedienung wird Ihre Bestellung – Speisen aus Caroline Fidanzas moderner amerikanischer Küche, wie perfekt zubereitete Forelle oder Dorscheintopf – mit Kugelschreiber auf die Papierdecke Ihres Tisches kritzeln.

STEAK-SHOW

94 Peter Luger's Steakhouse

5 178 Broadway

In dieses berühmt-berüchtigte Brooklyner Steakhouse fährt man am besten mit der Limousine: Eine Klientel mit dicken Brieftaschen versammelt sich täglich hier, um Porterhousesteaks zu vertilgen, die als die besten des Landes gelten. Das Lokal aus dem Jahr 1887 – es hieß ursprünglich Charles Luger's Billiard and Bowling Alley – wurde 1950 von Sol Forman übernommen. Erfahrene Kellner spielen ihre unwirsche Rolle in einem nüchtern und doch sehr bewusst inszenierten Dinner-Erlebnis: Speisekarten gibt es nur für Uneingeweihte. Messer, Gabeln, Teller und Servietten werden auf die nackten Eichentische eher geschleudert als gelegt. Star der Show aber ist das Fleisch vom mit Getreide gefütterten Iowa-Rind. Brutzelnde Shortloins – im Haus gereiftes Roastbeef mit Knochen und Filet – werden auf Platten für zwei, drei oder vier Personen serviert. Zum Ritual gehört das Neigen der Platte, wenn der Kellner eine Mischung aus Butter und Fleischsaft auf Ihre zarten Fleischstücke löffelt. Es gibt nur eine Art, das Peter Luger's zu verlassen: satt, satt, satt!

BIER UND BURGER

34 **Corner Bistro**

37 331 West 4th Street

Es ist zwei Uhr morgens. Sie sind mit Freunden unterwegs, hatten schon ein paar Drinks und brauchen jetzt unbedingt einen Burger? Nehmen Sie Kurs auf diese dunkle, spelunkenähnliche Sportbar. Hier serviert man Ihnen auf Papptellern Cheeseburger und Chicken Sandwiches, die mit allen Beilagen nur 4 $ bzw. 5,50 $ kosten. Die Musikbox bietet eine gute Auswahl düsterer Lieder, und das McSorley-Bier gibt es zu zwei Dollar. Schick ist die Corner Bar nicht – das Publikum ist von der studentischen Sorte –, aber die stimmungsvolle Eckkneipe befindet sich an einem Kreuzungspunkt des West Village von Manhattan, wo das Straßennetz enger wird. Ein großartiger Ort, um sich ein Baseballspiel anzuschauen oder einfach nur zur Musik von Tom Waits gedankenverloren in ein Glas Bourbon on the Rocks zu schauen.

AUSTERN IM BAHNHOF

66 **Oyster Bar at Grand Central Station**

3 Grand Central Station, Untergeschoss, 42nd Street

Lassen Sie sich von der Regenbogengrafik aus den frühen 1980ern an der Tür nicht abschrecken – dieses Lokal ist zeitlos. Am schönsten ist es hier mittags. Die umsichtige Bedienung, die Ihnen frische Brötchen und Butter hinstellt, sobald Sie sich auf einem der weißen Kunstledersitze niederlassen, serviert das Essen schnell und geschäftsmäßig. Aber nehmen Sie sich die Zeit, alles auf sich wirken zu lassen: die kürzlich gereinigte Gewölbedecke von Guastavino, den Kachelboden und die gewaltige Speisekarte mit Austern, die aus ganz Nordamerika kommen und in großen Wannen an einer Seitenbar geschält werden. Zu den Gästen gehören kaum Reisende (die meisten Zugreisenden ziehen die charakterlosen Fast-Food-Zugeständnisse im Obergeschoss vor), vielmehr ist dies die mittägliche Zuflucht von Geschäftsleuten und New Yorker Urgesteinen, die »das Übliche, Jeannie!« nehmen, sei es nun Clam Chowder (eine dicke Suppe mit Meeresfrüchten), pfannengeröstete Austern oder ein Dutzend Blue-Point-Austern.

LICHTER DER GROSSSTADT

14 **Odeon**

5 145 West Broadway

Die einstige Struktur aus den 1930ern im Inneren des Restaurants ist auch nach der Umgestaltung 1980 durch die Inhaberin Lynn Wagenknecht und die Restaurantstylisten Brian und Keith McNally noch erkennbar. Elemente der ursprünglichen Einrichtung wie der Granitboden, die Jugendstiltäfelung aus Holz und die herabhängenden Kugellampen sind geblieben. Jay McInerney untertreibt in seinem Roman *Ein starker Abgang:* Das Odeon »gibt dir, egal zu welcher Stunde, ein annehmbares Gefühl – auch wenn die Chancen schlecht stehen«. In den frühen Morgenstunden drängt sich auf den roten und schwarzen Lederbänken eine bunte Gesellschaft von Mode- und Kunstgestalten und lässt sich die gute amerikanische Bistroküche schmecken. Nachmittags fällt durch Jalousien gedämpftes Licht auf die Bloody Mary zum Brunch.

DER GROSSE AUFTRITT

66 **Town**

29 Chambers Hotel, 15 West 56th Street

Nach einem Cocktail in der halbrunden Balkonlounge steigt der Gast über eine dramatisch geschwungene Treppe in den tiefer gelegenen Speisebereich. Der Raum strebt sieben Meter empor. An ihrem höchsten Punkt trägt die Decke die Signaturzeichen von New Yorks produktivstem Treibhaus in Sachen Restaurantdesign, der Rockwell Group. Ein Hauch Theatralik – glitzernde Kristallschnüre, die von der Decke hängen, Stoffe in üppigen Farben und die von hinten beleuchteten Wandpaneele aus Anigre hinter den Polsterbänken – schmeichelt den Sinnen. Der neue amerikanische Stil des Inhabers und Kochs Geoffrey Zakarian ist makellos und elegant. Gerichte wie das Weinbergschneckenrisotto mit einer Brühe aus schwarzen Trüffeln, Entensteak mit duftenden Endivien oder das Pilau mit Buchweizennudeln sind typisch für dieses Beispiel edler Hotelgastronomie. Zu finden ist es im Chambers (s. S. 130).

SCHRULLIG-CHARMANT

52

Prune

16 54 East 1st Street

Dieses kleine, schräge Restaurant, das den kindlichen Spitznamen seiner Inhaberin und Küchenchefin trägt, finden Sie, indem Sie der langen Schlange in der East 1st Street folgen. Besonders beliebt ist das Prune bei Brunchern, denn hier gibt es zur außergewöhnlich guten Bloody-Mary-Variante »Chicago Matchbox« einen Kebab mit bissfestem eingelegtem Gemüse und einen Red Stripe im Schnapsglas zum Nachspülen. Das intime Restaurant erinnert seiner New-American-Speisekarte zum Trotz an ein Pariser Bistro. Vorspeisen wie frische Feigen an Serrano-Schinken und pfannengerösteten Mandeln und Hauptgerichte wie Entenbrust, zu der man hier ein mit Roggen verfeinertes Omelett serviert, verraten eine gesunde Respektlosigkeit vor klassischen Gerichten, die gut zu den wackligen Holztischen und den mit entblößten Schönheiten verzierten Trinkgläsern passt.

STEAK UND FISCH

106 Gage and Tollner

13 372 Fulton Street

Jeden Abend schreitet ein Kellner in Livree den 30 Meter langen Mittelgang in dem Brooklyner Steak- und Fischrestaurant ab und entzündet mit einem langen Docht die Gaslichter, die in kunstvoll geschmiedeten Messingleuchtern von der Decke herabhängen. Ihr diffuses Licht spiegelt sich in der Folge mahagonigefasster Spiegelbögen, die in der mit Samtbrokat bespannten Wand eingelassen sind. Diese bemerkenswerte Zeitkapsel, die 1879, vier Jahre vor der Brooklyn Bridge, fertig gestellt wurde, heißt Gage and Tollner. Heute nimmt sich die sehenswerte, italienisch anmutende Fassade mit ihrem von dorischen Säulen flankierten Portikus in einer Straße voller Schnäppchenmärkte eher seltsam aus. Gehen Sie durch die Mahagonidrehtüren und lassen Sie sich nieder – zu einem klassisch amerikanischen Mahl mit dem Flair des alten Südens. Ob nun Blaue-Krabben-Suppe, Steak oder geröstete Austern auf einem Fenchel-Pilz-Ragout, Sie werden sich buchstäblich in Brooklyns Belle Époque zurückversetzt fühlen.

»ICH WILL GENAU DAS, WAS SIE HATTE!«

52 **Katz's Deli**

21 205 East Houston Street

Das Feinkostgeschäft Katz's in der jüdischen Lower East Side ist seit 1888 eine Institution mit treuer Anhängerschaft und genau der richtige Ort, um den Heißhunger auf ein heißes Pastrami- oder Corned-Beef-Sandwich zu stillen. Bill Clinton mit seinem legendär großen Appetit war hier bereits nach einem Sandwich satt und zufrieden (allerdings nahm er sich noch zwei nach Washington D. C. mit). Und an einem der Formica-Kunsttische spielt die berühmteste Szene aus dem Film *Harry und Sally,* in der Meg Ryan die anwesenden Gäste und ihren Filmpartner Billy Crystal mit einem spontan vorgetäuschten Orgasmus verblüfft. Die Luft ist schwer vom Duft der aufgehängten Salamis und Pökelwürste. Die Stammgäste absolvieren den Hindernislauf, der nötig ist, um an ein Sandwich zu kommen, mit gewitzter Gelassenheit.

ZEITLOS ELEGANT

14 **Chanterelle**

6 2 Harrison Street

Der großzügig proportionierte Raum, einst Stätte der Handelsbörse, wurde 1989 von den Besitzern Bill Katz und Karen Waltuck in ein elegantes luftiges Restaurant umgestaltet. Seitdem bewahrt sich das Chanterelle unverändert und offenkundig gefeit vor den modischen Extravaganzen, denen seine Nachbarn in Tribeca in sklavischer Verrenkung folgen, sein klassisches Interieur. Herrliche Blumenarrangements gehören dazu und großflächige Tische, die man hier schlicht mit weißen Tischtüchern und Porzellan deckt. Die großen Fenster werden von hauchzarten Gardinen halb verhüllt. An den Wänden im Empfangsbereich hängen Kunstwerke solcher Größen wie Cindy Sherman und Cy Twombly. Die Speisekarte – sie wechselt alle vier Wochen – bietet herzhafte französische Gerichte wie Rinderfilet mit Austern und Austernsauce.

KAFFEEKULTUR

14 **Café Gitane**

20 242 Mott Street

Im Café Gitane versammeln sich »beautiful people« – so viele, dass Sie mit einer langen Schlange rechnen sollten. Auch wenn die kalkulierte Sorglosigkeit, mit der der junge italienische Fotograf am Nachbartisch einem Artdirector aus Österreich seine Abzüge präsentiert, ein wenig an den Nerven sägt – haben Sie sich in dem bezaubernden Café erst einmal akklimatisiert, ist das vergeben und vergessen. Mit einer Tasse köstlichen Kaffees in der Hand und in Erwartung einer sandburghohen Portion Couscous oder eines Pain au Chocolat lehnen Sie sich zurück, genießen den Wirbel im umtriebigen Nolita (North of Little Italy) und baden im Licht der Nachmittagssonne, das auf den gekachelten Boden fällt.

NEW AMERICAN DO-IT-YOURSELF

52 **Craft**

5 43 East 19th Street

Die Gäste dieses innovativen, neuamerikanischen Lokals können ihre Mahlzeit selbst kreieren. »Zurück zu den Anfängen« ist das Motto von Tom Colicchios erfrischender Auffassung vom Kochen, die einen Teil der Verantwortung in die Hände des Gastes legt. Dieser entscheidet, ob er Fleisch, Fisch oder Gemüse gebraten, geschmort oder sautiert möchte, und welche Beilagen er wünscht – üppig und ganz familiär in Kupferschüsseln und Kasserollen gereicht. Die Einrichtung glüht förmlich: Die großen Kirschholztische strahlen Wärme aus, und das weiche Licht der Ferrowatt-Birnen mit ihren orangefarbenen Glühfäden spiegelt sich im Boden aus Imbuiaholz. Als der Innenarchitekt des Craft, Peter Bentel, für die Eingangstür, die Waschbecken in den Toiletten und die metallenen Raumakzente Bronze als Material wählte, ließ er sich durch seine Sammlung von Messingobjekten des österreichischen Designers Carl Auböck inspirieren – eine willkommene Abwechslung zum hartkantigen Aluminium und zu dem kühlen Edelstahl zu vieler Restaurants der letzten paar Jahre.

tensley
tensley
tensley

Trinken

Der Dampf, der zischend aus den New Yorker Kanaldeckeln entweicht, könnte fast von einer gigantischen unterirdischen Espressomaschine stammen – die New Yorker lieben Kaffee in allen Variationen. Kaffee ist der Kraftstoff der Stadt, hält sie stetig in Bewegung, sorgt für hektisches, pulsierendes Treiben. Wenn die Nacht hereinbricht, wird es keineswegs ruhiger im Big Apple, aber der Kaffee wird durch den Treibstoff des Nachtlebens ersetzt: Cocktails. Ob nun Gimlets, Gibsons, Cosmopolitans, Manhattans, Highballs oder French 75s – die Kunst des edlen Mixens ist in New York hoch entwickelt. In der unendlichen Vielfalt der nächtlichen Szene gibt es für jedes Getränk, jede Stimmung und jede Zeit eine passende Bar. Und New Yorker Nächte sind lang – die meisten Bars haben bis vier Uhr morgens geöffnet. Wenn die letzten Nachtschwärmer den Rückzug antreten, sind viele Pendler schon wieder auf dem Weg zur Arbeit.

IM ZEICHEN DES ELCHS

52

Good World Barber Shop

30 3 Orchard Street

Ein Schwede eröffnete diese Bar in einem ehemaligen chinesischen Herrenfriseurgeschäft. Die Einrichtung setzt mit hölzernem Fabrikboden und schlichten Holztischen auf sparsamste Mittel. Einzige Dekoration ist ein riesiger Elchkopf hinter der Bar. Bestellen Sie sich einen giftig-genialen Aquavit-Martini und den *Toast Skagen* mit weißem Fischrogen und norwegischen Krabben in einer leichten Sauce aus saurer Sahne, Zitrone und Dill, gereicht auf einem Sauerteigbaguette. DJs legen fast jeden Abend auf, und es gibt einen kleinen Innenhof.

MOBYS TEASHOP

52

Teany

19 90 Rivington Street

Mobys hippe vegetarische Bar erstrahlt in topaktuellem reinweißem Interieur, ergänzt durch Glas und Chrom und einer vom Meister persönlich abgemischten Musikkulisse. Bei 90 Teesorten und härteren Alternativen wie Champagner-Mojito und Sangria kann man sich hier auch als Nichtvegetarier gepflegt entspannen. Melville Hall, so der bürgerliche Name des Musikers, ist ein zurückhaltender Eigentümer. Er überlässt das Zusammenstellen der Speisekarte und das Tagesgeschäft im Café ganz seiner Geschäftspartnerin Kelly Tisdale.

BIER, SPUCKE UND SÄGEMEHL

52 **McSorley's Old Ale House**

14 15 East 7th Street

»Da ist ein schwerer modriger Geruch, der wie Balsam auf zuckende Nerven wirkt. Tatsächlich ist es eine reichhaltige Mischung aus Gerüchen: nach Sägemehl, Bier und Pfeifentabak, nach dem Rauch des Kohlefeuers, nach Zwiebeln«, schrieb Joseph Mitchell 1942 in *McSorley's Wonderful Saloon*. Die beste Zeit, um dem traditionsreichen Ale House (1854 eröffnet) einen Besuch abzustatten, ist der Nachmittag, wenn Sonnenstrahlen durch den dunklen Raum tanzen und man sich mit den irischen Barkeepern witzige Geplänkel liefern kann.

VERGNÜGUNGSPARK

34 **The Park**

24 118 Tenth Avenue

Für die Gestaltung ihres neuesten Restaurants mit Lounge heuerten die Nightlife-Päpste Sean McPherson (Bar Marmont in L.A.) und Eric Good (Area und B-Bar in New York) Designguru Jim Walrod an. Drei Taxigaragen wurden in einen riesigen Vergnügungspark verwandelt, in dem der Landhausstil ebenso zitiert wird wie die Einrichtung einer Opiumhöhle. Ein Drachenbaum, Barcelona Chairs von Mies van der Rohe, Bänke aus Baumstämmen und Kaminfeuer – all das ergibt als Ensemble eine ungewöhnliche Oase in West Chelsea.

WEIN UND KÄSE

106 **Sherwood Café at Robin des Bois**

7 195 Smith Street

Nachdem er viele bekannte französische Restaurants Manhattans ausgestattet hatte, eröffnete Bernard Decanali in seinem Antiquitätengeschäft in Boerum Hill ein eigenes Café. Im Sommer ist der Garten mit seiner bunten Sammlung an Stühlen und Emailschildern ein wunderbares Plätzchen für eine Flasche Wein und einen Imbiss. Im Innern tummelt sich zwischen der verrückten Sammlung von Objekten – ausgestopfte Krokodile, Lüster und Hutständer – ein gemischtes Publikum aus Familien und hippen Leuten aus der Umgebung.

LA DOLCE VITA

14 Caffé Roma

12 385 Broome Street

Schlagen Sie im New Yorker Handbuch samstagnachmittäglicher Beschäftigungen unter »H« wie »himmlisch« nach, dann finden Sie das Caffé Roma, eine der ältesten Pasticcerias in Little Italy. Bestellen Sie einen Espresso und Cannoli-Gebäck, setzen Sie sich an einen Marmortisch am Fenster und beobachten Sie das Treiben. Die Andenken an das Little Italy des 19. Jhs. – die Metallkassettendecke, die Salonuhr und die Holzbar hinter der Gebäcktheke – sind dank der Familie, die das Geschäft seit langem führt, erhalten geblieben.

KUNST-DISCO

34 Passerby

21 436 West 15th Street

In dieser hippen Disco kann man sich neben Künstlern aus dem gefeierten Stall des Galeristen Gavin Brown wie Elisabeth Peyton, Chris Ofili und Udomsak Krisanamis an den langen Tresen lehnen. Zur rauen Ausstattung des Raums – sie wurde von dem Künstler Mark Handforth entworfen – gehört ein Tresen aus einem Holz, das der Möbeldesigner George Nakashima vor seinem Tod ursprünglich für einen Esstisch vorgesehen hatte. Ein Multicolor-Tanzboden von Piotr Uklanski pulsiert zu den Beats einiger der besten DJs der Stadt.

MERRY OLD BLOODY MARY

66 King Cole Bar and Lounge

14 St. Regis Hotel, 2 East 55th Street

Der Legende nach ist diese magisch-dunkle Bar, die sich hinter der Empfangshalle des Hotels St. Regis versteckt, der Ort, an dem die Bloody Mary das Licht der Welt erblickte. Sie trägt hier noch ihren ursprünglichen Namen: Red Snapper. Nach ein paar Gläsern von dem starken, würzigen Drink werden Sie sich wie der Titelheld des Kindergedichtes fühlen, das Thema des Wandbilds von Frederick Maxwell Parrish ist: wie »a merry old soul«. Die warme Holztäfelung und tiefe Polsterbänke bieten Zuflucht vor den Massen auf der Fifth Avenue.

SAKE-SPEZIALISTEN

14 Chibi's Sake Bar

30 238 Mott Street

Die Inhaberin, Marja Samsom, hat der Bar den Namen ihrer Bulldogge gegeben. Diese rekelt sich meist in einer Ecke des Hauptraums und kann ab und zu beim Skateboardfahren auf dem Gehsteig vor der Bar beobachtet werden. Wenn Sie Sake bestellen, wird Ihnen das Personal helfen, einen Umenishiki von einem Nanbu Toji zu unterscheiden und Sie über die Vorzüge eines Chibitini gegenüber einem Saketini aufklären. Zu den Snacks gehören Kumamoto-Austern und Pilzklößchen. Die entspannte Zen-Kneipe ist bis spätnachts geöffnet.

TUMMELPLATZ DER SUPERMODELS

66 Cellar Bar

7 The Bryant Park, 40 West 40th Street

Das frühere American Radiator Building, in dem sich das Kellerlokal befindet, wurde von Raymond Hood 1924 im Gothic-Revival-Stil entworfen. Vor allem blieb das höhlenartige Gewölbe bei der Umgestaltung des Gebäudes in ein Hotel erhalten. Mit Schick und Coolness teilt die Hotelbar Stil und Haltung des Bryant Park, wo auch die Modewoche stattfindet. Die Models bestellen hier vorzugsweise einen Razmopolitan: Absolut Citron, Cointreau, Himbeersirup und Lemon Sour. Das Lichtdesign im Raum spiegelt die grellen Farben des Drinks.

HIMMLISCHE COCKTAILS

52 Angel's Share

13 8 Stuyvesant Street

Es ist eine Kombination aus den strengen Hausregeln – Einlass nur, wenn es Sitzplätze gibt, keine Gruppen über vier Personen, und wer lärmt, muss gehen – und der abgeschiedenen Lage im hinteren Bereich auf der zweiten Etage eines japanischen Restaurants, die in diesem Schmuckstück von Bar für ein handverlesenes Publikum sorgt. Wem das noch nicht intim genug ist, der zieht sich in den durch einen Vorhang abgeteilten Bereich zurück. Die Cocktails werden mit kühler Präzision von einigen der fähigsten Bartender der Stadt gemixt.

DINNER MOVIE

14 **Screening Room**

16 54 Varick Street

Hohe Decken, ein langer Tresen und Samtvorhänge – das ist die perfekte Vierzigerjahre-Kinotheaterkulisse für einen gut gemixten Martini vor der Vorführung von *Breakfast at Tiffany's*. Sowohl die Bar als auch das Kino wurden von Larry Bogdanow gestaltet, zu dessen Kreationen auch der Club Room und das Union Square Café gehören. Nehmen Sie »Dinner Movie« auf das Eleganteste beim Wort, und probieren Sie das dreigängige Menü zum vernünftigen Festpreis – Kinokarte und Knabbereien für die Vorstellung inbegriffen.

GESELLSCHAFTSCLUB DER PATEN

14 **Mare Chiaro**

13 176 Mulberry Street

Ein Überbleibsel des schwindenden Viertels Little Italy ist diese kleine Kneipe, rauchgeschwängert von den beständig glimmenden Havannas ihres Inhabers Tony Tenneriello, der in seinem Stuhl zurückgelehnt die Kundschaft beobachtet. Wenn auch das billige Bier und der mit Sägemehl bedeckte Boden und die Formica-Tische eher an eine Kaschemme denken lassen, so zählte zu den Gästen doch Frank Sinatra, aber es war das Mare Chiaro, das Filmen wie *Der Pate Teil III* und *Donnie Brasco* eine Aura von Unterweltglanz verlieh.

GLAMOURSZENE DER ACHTZIGER

14 **B-Bar**

59 40 East 4th Street

Es gibt eine Szene in John Waters' Film *Pecker,* in der ein junger Fotograf bei einem Dinner der New Yorker Kunstwelt vorgestellt wird. Dieses Dinner findet in der Bowery Bar statt – perfekte Kulisse für Waters' satirisches Porträt der Kunstweltschickeria. Die Bar war einst eine Tankstelle an der berühmtesten heruntergekommenen Straße der Stadt. In den 1980ern bauten Eric Goode und Serge Becker die Räume um. Heute sind sie Schauplatz von Clubnächten, darunter »Beige«, Eric Conrads extravagante Schwulenshow.

MÄCHTIG TRINKEN

66 **Four Seasons Bar**

10 Seagram Building, 99 East 52nd Street

Für einen Drink in der 1959 von Philip Johnson gestalteten Four Seasons Bar im Seagram Building von Mies van der Rohe sollte Ihre Kleidung – und Ihre Einstellung – der Seriosität der Umgebung entsprechen. Wenn Sie nicht bereits Schlips und Anzug tragen, die Uniform der hier verkehrenden Lobby der Macht, hilft man Ihnen mit Jackett und Krawatte aus. Werfen Sie einen Blick auf das Fensterdekor der Designerin Marie Nichol aus goldeloxierten Aluminiumketten und auf Richard Lippolds Skulptur aus Messingstäben über der Bar.

WODKATEMPEL

14 **Temple Bar**

65 332 Lafayette Street

Wie ein rätselhafter Hinweis in einem Indiana-Jones-Film verrät nur die Silhouette eines Leguanskeletts an der Mauer des Gebäudes 332 Lafayette Street, wo sich die Temple Bar verbirgt. Im Inneren wird der Gast vom feudalen dunklen Interieur verführerisch eingehüllt. Testen Sie einen Wodka aus dem gewaltigen Angebot und knabbern Sie gewürztes Popcorn, oder wählen Sie aus der Speisekarte, die frische Austern, Beluga-Kaviar, Lachskanapees oder Steakspießchen mit Fleisch vom Angusrind bietet.

Shopping

Von den gigantischen Kaufhäusern auf der Madison Avenue bis zu den winzigen Boutiquen, die sich um die Elizabeth, Rivington, Perry, Bond Street und Bedford Avenue drängen – ihnen allen liefert New York das Material, ob maßgefertigt oder von der Stange, aus dem man hier ganze Lebensstile schneidert. Wie die nachfolgende Auswahl zeigt, wartet New York mit einem üppigen Spektrum an Einkaufserlebnissen auf: Klassiker, Geschäfte, in denen die Ladeneinrichtung so trendy ist wie die feilgebotenen Waren, und eine neue Variante, die die Konzepte Laden, Galerie und Museum verbindet. Sehen Sie selbst, und lassen Sie sich angenehm verwirren.

SCHNÄPPCHENJAGD IN KASCHMIR

34 **Barneys Co-op**

9 236 West 18th Street und 116 Wooster Street

Die Downtownfilialen der Kaufhauslegende in Uptown führen Marken wie Daryl K, Katayone Adeli, Jill Stuart und Vivienne Tam zu günstigeren Preisen. Wenn Sie im Februar oder August in der Stadt sind, erwartet Sie ein riesiges Modespektakel, bekannt als Barneys Warehouse Sale. Dann macht der Laden in der 18th Street mit Nachlässen bis zu 80 Prozent Platz für neue Kollektionen, und ganze Horden gut betuchter Ladys versuchen, ein Kaschmirstrickjäckchen von Marc Jacobs zu ergattern.

BIGGER, BETTER, BARNEYS

80 **Barneys**

2 660 Madison Avenue

Der Dreh- und Angelpunkt New Yorker Eleganz (mit der dekadentesten weihnachtlichen Schaufensterdeko der Stadt) lässt über neun Etagen in wahrhaft luxuriösem Kaufrausch schwelgen. Krönender Abschluss ist ein Lunch bei Fred's im Untergeschoss, wo man gut Leute beobachten kann. Der minimalistische Architekt Peter Marino erhielt 1993 den Auftrag, das Gebäude von 1955 an der Madison Avenue, Ecke 61st Street, in das 21 350 Quadratmeter große Muss-man-gesehen-haben-Erlebnis zu verwandeln, das Barneys heute darstellt.

HAUTE COUTURE IN WILLIAMSBURG

94 **ISA**

3 88 North 6th Street

Der moderne Salon von Isa Saalabi war ein willkommener Neuzugang in der Williamsburger Modeszene. Das Geschäft im Betondekor ist häufig Schauplatz von Partys für Labels wie ORFI, von Ausstellungen von Künstlern wie RoStarr und von DJ-Abenden. ISA kleidet Männer in Jeans und T-Shirts, für Frauen gibt es eine gute Auswahl an Designerstücken von großen und weniger großen Namen (United Bamboo, Marc by Marc Jacobs), einheimischen Künstlern (M.R.S.) und sonst schwer zu findenden Begehrlichkeiten (Originale von DHBJR).

GUT BESCHUHT

14 **Sigerson Morrison**

27 28 Prince Street

Die Schuhkreationen mit dem pistaziengrünen Innenleder von Kari Sigerson und Miranda Morrison sind seit der Eröffnung des kleinen Geschäfts in Nolita vor acht Jahren ein durchschlagender Erfolg. Der neue, größere Laden sitzt in einem ehemaligen Gemüsegroßmarkt. Die rote Sitzbank hat Mirandas Bruder, Jasper, für Capellini entworfen. Auf beweglichen Tischen aus gebürstetem Stahl stellen die Designerinnen die Pantoletten mit halbhohem Pfennigabsatz und die Schnallenpumps aus, die zu ihrem Markenzeichen geworden sind.

MODESUPERMARKT

14 **Kirna Zabete**

51 96 Greene Street

Beth Buccini und Sarah Easley sind die Köpfe hinter dem faszinierend eklektischen Laden in Soho, den sie selbst als »Supermarkt der Eleganz« bewerben. 1999 gaben sie Nick Dine den Auftrag, das regenbogenbunte Interieur zu gestalten, zu dem ein lavendelfarbener Harzboden, pinkfarbene Deckenlichter und blaue Neoprensitze gehören. Die Regale sind gefüllt mit Markenkleidung von Avantgardedesignern wie Bruse, Martine Sitbon und Matthew Williamson. Im Untergeschoss gibt es außerdem eine Palette an Designeraccessoires.

GEMISCHTWARENLADEN IM STREET-STYLE

14 **Steven Alan**

1 103 Franklin Street

Das Warenhaus aufsteigender Designerstars in Tribeca wurde als altmodischer Gemischtwarenladen konzipiert. Leitern gleiten vor deckenhohen Holzregalen vorbei, auf denen sich T-Shirts von Lacosa stapeln. In einer Apothekenvitrine aus den 1940ern sind Kosmetika von Dr. Hauschka ausgestellt. APC, Wink, Martin Margiela 6, Katayone Adeli und andere bringen hier ihre Kollektionen unters Volk. Eine Polsterbank wird von zwei CD-Hörstationen flankiert, die der angesagte Musikladen Other Music alle zwei Wochen neu bestückt.

DURCHGEKNALLTE ASSEMBLAGE

106 **McSweeney's Store**

2 429 Seventh Avenue

Diese Wundertüte voller kuriosester Überraschungen am trüberen Ende der Park Slope in Brooklyn spiegelt den Geist von Dave Eggers' Verlag McSweeney's und seinem Onlinemagazin *Internet Tendency* (www.mcsweeneys.net). Obwohl das aufwendige dezimale Signatursystem von Dewey, das sonst in Bibliotheken für Übersicht sorgt, den herrlich bizarren Warenbestand ordnet, entzieht sich der Laden jeglicher Kategorisierung. In den Regalen stoßen Sie auf so bedeutende Zeitschriften wie *American Window Cleaner Magazine* oder *Coal Age*. In einer Schublade finden sich Dioramen mit Schach spielenden Tyrannosaurus-Rex-Modellen. Hangeln Sie auf Schwindel erregend hohen Regalen und Vitrinen nach einem Pelikanfuß aus Zinn (5 $), einem Formular für die Untersuchung von Katzengebissen (0,20 $) oder einem Bitch-Creek-Fliegenköder (4,74 $). Sie können sich auch stundenweise Stepptanzschuhe mieten! Das Geschäft hat nicht nur alte Ausgaben des McSweeney's-Magazins auf Lager, sondern auch von Publikationen wie *Might* und Bücher von Eggers und dem Autorenteam von McSweeney's. Sollte Ihnen das eine oder andere hier seltsam vorkommen, Geschäftsführer Scott Seeley oder einer der hinter einer Theke thronenden Assistenten stehen Rede und Antwort.

TREND-PIONIERE

34 **Auto**

30 805 Washington Street

Als Renata Bokalo und Roman Luba 1999 mit der Eröffnung ihres Geschäfts Designer-Lifestyle auf den Punkt brachten, waren sie zugleich die Pioniere der Einzelhandelsrevolution im Meat Packing District. Die Gegend ist heute die New Yorker Drehscheibe für Mode und Design. Auto zeigt Werke von Brooklyner Designern, denen es gelingt, in Wohnobjekten und -accessoires kunsthandwerkliches Können mit raffinierter Modernität zu verbinden: Lederblumen von Red Head Amy, gestickte Kissen von Judy Ross und vieles mehr.

DESIGNMUSEUM

14 **Moss**

54 146 Greene Street

Der ehemalige Modeunternehmer Murray Moss verwischt in der weißen Würfelzelle, die seinen Laden für Industrie- und Produktdesign beherbergt, die Grenze zwischen Museum und Geschäft. Porzellan, Glaswaren und Bestecke werden nicht thematisch nach Funktion und Material präsentiert, sondern in einen Kontext zu Möbeln und Beleuchtung gesetzt. So kann man hier eine Keramikschale von Hella Jongerius neben einem Fisher-Space-Pen aus Edelstahl und einem »Flap Sofa« aus pinkfarbenen Leder von Edra bewundern.

ACCESSOIRE-TEMPEL

14 Bond 07

61 7 Bond Street

Die in Tunesien geborene Selima Salaun hat ein wahres Imperium an New Yorker Boutiquen geschaffen, in denen ihr Sinn fürs Schräge und die leuchtend grellen Brillen, für die sie berühmt ist, im Mittelpunkt stehen. Jüngstes schmuckes Glied der Kette ist das Lunettes et Chocolat in der 25 Prince Street. Dort treibt Selima den Begriff »Nischengeschäft« wunderbar auf die Spitze, denn es gibt nichts als Brillen und köstliche handgemachte Schokolade. Eine andere von Selimas Schöpfungen ist die Le Corset Boutique, 80 Thompson Street, die sich himmlisch übertriebener Lingerie und Mode zum Faulenzen verschrieben hat. Bond 07, ein weiteres Mitglied des erlesenen Ladenzirkels, liegt in der hippen Bond Street in Noho (Daryl K und Ghost sind weitere Ladenfronten, die zwischen marmor- und ziegelverzierten Reihenhäusern und schrulligen Wohnlofts Zeichen setzen). Hier finden detailfreudige Modefreaks neben einer erlesenen Auswahl an Accessoires – mit Augenmerk auf Hüte und Vintage-Uhren von Cartier, Rolex und Gucci – alles unter einem Dach.

KOSMETIK OHNE KINKERLITZCHEN

52 Kiehl's

10 109 Third Avenue

Das Reich der kosmetischen Spitzenprodukte ist integraler Bestandteil der New Yorker Shoppingszene. Kiehl's Rezepturen wurden seit 1851 über Generationen weitergereicht. Das Personal überhäuft Sie mit Proben und beantwortet jede Frage zu Beauty und Pflege mit der Geradlinigkeit, die auch Kiehl's Verpackungen auszeichnet. Die Kulisse ist übrigens bizarr: Die Hälfte der Ladenfläche nimmt eine Sammlung alter Motorräder ein, die auf einem geblümten Teppich steht – vor einer Wand mit Fotos von Babys treuer Kunden.

SCHMUCK FÜR STARS

14 Me & Ro

24 239 Elizabeth Street

Die Schmuckdesigner Michele Quan und Robin Renzi lassen sich von natürlichen und orientalischen Formen zu Ketten, Ringen, Armbändern sowie Fußkettchen aus Gold und Silber inspirieren. Dazu verarbeiten sie edle und halbedle Steine, oft mit symbolischen Gravuren. Das Geschäft in der Elizabeth Street wurde von dem avantgardistischen Architekturbüro ShoP gestaltet. Die Ladenausstattung setzt auf einen einzigen Blickfang: In dem in der Fensterbank eingelassenen monolithisch wirkenden Wasserbecken aus Beton treiben Blumen.

HOHE KUNSTARCHITEKTUR

14 **Prada**

46 575 Broadway

Rem Koolhaas' Einkaufsexperiment für Prada trat Ende 2001 ins Scheinwerferlicht der Modeszene. Es ist nicht zu übersehen – dafür sorgt die Lage am Dreh- und Angelpunkt von Soho und die Tatsache, dass es die Länge eines ganzen Straßenblocks einnimmt. Highlights sind die »Welle«, eine Rampe aus poliertem Zebranoholz, die sich über die gesamte Länge und Höhe des Shoppingtraums erstreckt; ein gläserner Aufzug, der zugleich als Ausstellungsfläche dient; und die barock tapezierte Nordwand, eine Arbeit der Grafikdesigner von 2x4.

THIS IS A MAN'S WORLD

14 **Jack Spade**

34 56 Greene Street

Die Markenzeichen von Spade – Taschen, Jacken und Notizbücher aus geländegängigem Segel- oder Wachstuch – werden in dem 50 Quadratmeter großen Laden in Soho zwischen Vintage-Requisiten wie einem Schallplattenspieler von Braun, *Playboy*-Heften, Globen und Flugzeugen aus Balsaholz inszeniert. Gestaltet hat ihn Stephen Sclaroff. Die gut gepflegte Sammlung ist das Werk von Andy Spade (Kates Ehemann) und geht gut und gern als New Yorks bissige Antwort auf die Mode des Briten Paul Smith durch.

HANDGEARBEITETE HEMDEN

14

Seize sur Vingt

22 243 Elizabeth Street

In dem Einkaufsloft stehen einige Rollgarderoben mit wunderbar gearbeiteten Buttondown-Hemden aus ägyptischer Baumwolle für Damen und Herren und eine herrliche Tascam-32-Bandmaschine. Das hintere Drittel des Ladens ist der erstklassigen Maßschneiderei gewidmet. Der Look der Anzüge, Jacken, Hemden und Hosen ist modern und klar, für die besonders flachen, haltbaren Hemdennähte greifen die Geschäfts- und Ehepartner James und Gwendolyn Jurney auf klassische Schneidertechniken der Alten Welt zurück.

34 Marc Jacobs

34
- Marc by Marc Jacobs, 403 Bleecker Street
- Marc Jacobs Men's Store, 405 Bleecker Street

Seinem internationalen Erfolg und dem Pariser Wohnsitz zum Trotz – Marc Jacobs, der seine Ausbildung an der New Yorker Parsons School for Design absolvierte, gehört zu dieser Stadt. Barneys ließ sich auf seinen Reklametafeln zur einem »We love Marc Jacobs« hinreißen, und in Manhattans bestgekleideter Gesellschaft gibt es keinerlei Anzeichen schwindender Anbetung. Die beiden Niederlassungen wurden von Stephen Jaklitsch ausgestaltet und liegen eingebettet zwischen der Magnoly Bakery, Lulu Guiness und einem Blumenladen mit herrlichen Auslagen in den beiden prächtigsten Blocks der Bleecker Street (zwischen Bank und Perry Street). Während das eine Haus die beliebte Nebenlinie »Marc« mit Accessoires wie den Jacobs-typischen schweren Handtaschen mit Riegeln und Reißverschlüssen sowie Schuhen mit flachen Absätzen und im Minnie-Mouse-Stil führt, präsentiert das andere Marc Jacobs' Herrenlinie.

FEMININE FINESSE

14 **Mayle**

21 252 Elizabeth Street

In einer erstklassig zusammengestellten Boutique im Herzen von Nolita verkauft die Britin Jane Mayle, Ex-Model und Modeschöpferin, gemeinsam mit ihren wunderschönen Assistentinnen Kleider aus Spitze und duftige geblümte Seidenblusen, die Sie mit ledergepaspelten Tweedröcken im Bibliothekarinnenstil kombinieren können. Zwischen den Regalen dieses süß duftenden Shops – Mayle ist für den aktuellen Run auf Kerzen mit Johannisbeerduft verantwortlich – stehen Vitrinen mit Accessoires oder Kunstobjekte wie das Poster für eine Julian-Schnabel-Ausstellung von 1989. Mayle sagt, sie lasse sich durch den Stil des italienischen Fünfzigerjahre-Filmstars Monica Vitti inspirieren, deren Garderobe feminine Eleganz neu definierte. Courtney Love und Sofia Coppola zählen zu den Fans ihrer schulterfreien Kleider und Häkelschals.

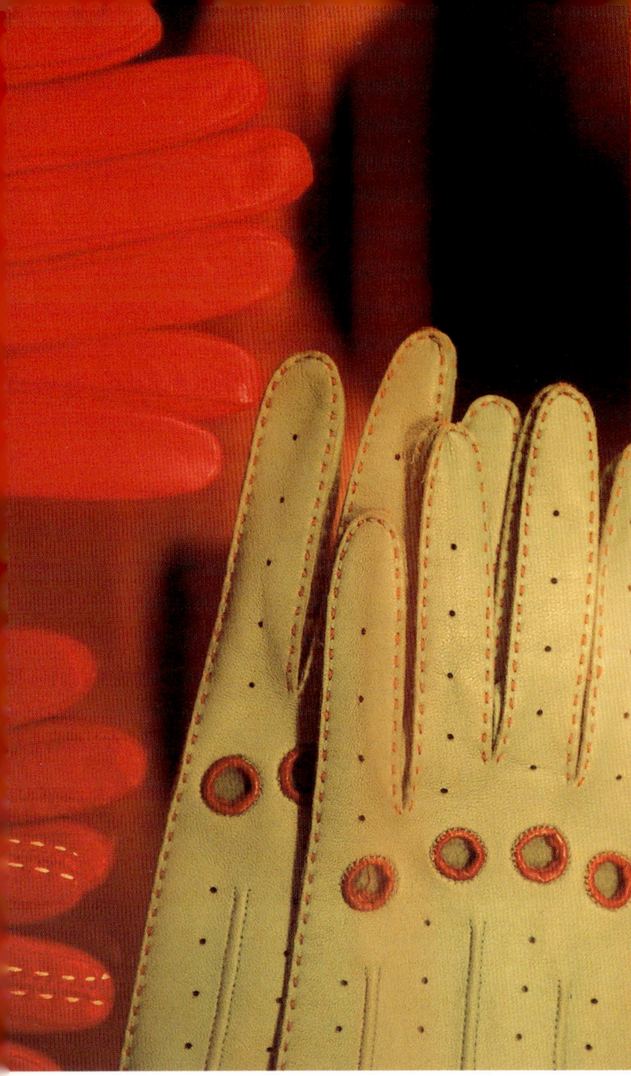

MYTHISCHE WARENWELT

106 **Castor and Pollux**

5 67 1/2 Sixth Avenue

Anne-Catherine Lüke und Kerrilynn Hunt sind die Damen mit der gemeinsamen Vision hinter dieser sehr persönlichen Boutique. Die Kombination ihrer Kompetenzen in Innengestaltung und Mode wird in der Optik des Ladens deutlich, die sie aus maßgeschneiderten Installationen und Antiquitäten komponiert haben, und an dem sorgfältig ausgefeilten Schatz an eigenwilligen Accessoires und Kleidern, den sie anhäufen. Damenbrieftaschen von Aras, Schmuck von Melissa Joy Manning und eine Auswahl an klassischer Damenunterwäsche von On Gossamer kontrastieren mit Objekten, die man, wie sie beide sagen, »in einer unserer Wohnungen finden würde«. Lüke und Hunt entwerfen eine eigene Linie, die damenhaften Schick in den urbanen Kontext setzt. Die Boutique liegt zwar in einer eher abgelegenen Gegend von Brooklyn, ist den Ausflug aber definitiv wert – vor allem wenn Sie eine der charmanten Soireen besuchen, bei denen die neue Saisonkollektion vorgestellt wird.

14 Kate Spade Travel

33 59 Thompson Street

Nun, da die Taschendesignerin Kate Spade zur Weltmarke aufgestiegen ist, die inzwischen Kleider, Schuhe, Gepäck, Brillen und Papierkollektionen kreiert, umweht die Wurzeln ihres phänomenal erfolgreichen Unternehmens pure Nostalgie. Anfangs, 1993, verkaufte sie sechs schlichte Taschenformen und setzte dabei auf Nützlichkeit, Farbe und Material. Das Haus Nummer 59 in der Thompson Street beherbergt Kate Spades ersten Laden. Hinter seinen hübschen Auslagen präsentiert sich heute Kate Spade Travel. Hier findet die Frau von Welt Reiseaccessoires mit Charakter, darunter Heißwasserheizdecken, Radierer, farbenprächtige Notizbücher und Brieftaschen, Vintage-Schals und hochwertiges Reisegepäck aus schwarzem oder gestreiftem Segeltuch.

Raus aus der Stadt

Der New Yorker glaubt fest daran, dass die befreiende Wochenendflucht vor dem Druck der Stadt sein langfristiges Überleben garantiert. Welch ein Glück für die stets von Zeitnot Geplagten, dass im Umkreis von 160 Kilometern um Manhattan abwechslungsreiche Landschaften unterschiedlichste Ablenkungsprogramme bieten: von den Streichen der Reichen in den Hamptons am Meer bis zu den charmanten Überbleibseln der Hippie-Kultur in den Bergen der Catskill Mountains, von den geschichtsträchtigen wogenden Weiden im Bucks County, Pennsylvania, bis zum Lieblingsversteck der Kunstwelt im waldreichen Tal des Hudson River.

HIPPIESCHICK

Catskill Mountains: Rückzug in die Gegenkultur

- Storm King Art Center
- Café Tamayo
- The Villa at Saugerties

Die Wildnis der Catskill Mountains mit ihrer inoffiziellen Hauptstadt Woodstock ist der Fluchtpunkt der Gegenkultur. In jüngster Zeit werden auch jene New Yorker auf sie aufmerksam, denen die Hamptons zu kostspielig geworden sind. Wollen Sie ihren Spuren folgen, begeben Sie sich auf die George Washington Bridge Richtung Palisades Parkway North und auf eine Fahrt am Westufer des Hudson entlang. Das Storm King Art Center, ein fantastischer Skulpturenpark, bietet sich für eine Pause an. In seinen 200 Hektar Gärten, Feldern und Wäldern sorgen Skulpturen von europäischen und amerikanischen Künstlern der Nachkriegszeit wie Alexander Calder und David Smith für spannende Ein- und Ausblicke. Die sich zwischen Bäumen hindurchwindende Steinmauer von Andy Goldsworthy lohnt schon allein den Besuch.

Tiefer in den Catskills liegt die Kleinstadt Saugerties mit einigen der so typisch amerikanischen Main Streets. Antiquitätengeschäfte, ein Süßwarenladen mit Erkerfenster, ein Metallwarengeschäft, vor dem leuchtend bunte Schubkarren lehnen, und ein altmodisches Kino laden zum Bummeln ein. Im Café Tamayo reicht man unter Flügelventilatoren aus dem 19. Jh. Bistrokost.

The Villa at Saugerties ist ein zeitgemäßes Bed & Breakfast in einem 1929 im spanischen Stil erbauten Landhaus mit ockerfarbener Stuckfassade und rotem Ziegeldach. Es liegt, malerisch ländlich, an einer Landstraße außerhalb des Ortes. Aimee Szparaga und Richard Nocera haben ihre Zelte in Manhattan abgebrochen, um einen »modernen Unterschlupf auf dem Land« zu schaffen. Zentrum der Wohnräume mit ihrer Palette aus Grau- und Magentatönen und der modernen skandinavischen Einrichtung ist ein offener Kamin aus blauem Tonsandstein. Aufmerksame Details – wie reichlich frische Blumen, lose Kissen von Jonathan Adler und Ausgaben der Zeitschrift *Visionaire* – erleichtern dem kritischen Stadtmenschen den Rückzug in den ländlichen Unterschlupf. Bei schönem Wetter können Gäste im Innenhof unter der weiten Krone einer Platane neben dem glasklaren Pool frühstücken.

AMERIKA-VINTAGE

Bucks County: Exzentrik und Antiquitäten

- EverMay on the Delaware
- Fonthill
- Mercer Museum
- Golden-Nugget-Antiquitäten-Flohmarkt
- Lambertville-Antiquitätenmarkt

Die überdachten Brücken und steinernen Bauernhäuser von Bucks County in Ost-Pennsylvania verzaubern Künstler und Schriftsteller schon seit langem. In den 1930ern und 1940ern machten New Yorks Literaten die Ortschaften am Delaware River zur Kulisse ihres freiwilligen Exils, unter ihnen Dorothy Parker. Auch wenn der Ort New Hope heute recht touristisch ist, für Besucher mit einem Faible für Antiquitäten und Kunst oder schlicht mit Sinn für landschaftliche Schönheit gibt es viel zu sehen und erleben.

Richten Sie sich in einem der 18 Zimmer des EverMay on the Delaware ein. Der Gasthof aus dem Jahr 1790 liegt direkt am Fluss. Jedes Zimmer, mit Antiquitäten detailfreudig ausgestattet, ist einer berühmten Persönlichkeit der Geschichte von Bucks County gewidmet. Im imposanten »Colonel William Erwin Room« etwa freut sich der Gast über das prunkvolle Kopfteil am Bett. Das preisgekrönte Sechs-Gänge-Dinner ist das Werk von Jeffrey Lauble.

Archäologe, Architekt, Violinist, Kachelmaler und hochgebildeter Kunstsammler: Harry Chapman Mercer hat in Doylestown, der Stadt, in der er sein ganzes Leben verbrachte, eindrucksvolle Spuren hinterlassen. Zwischen 1908 und 1912 errichtete er eigenhändig das Haus seiner Träume: eine verrückte, einer Sandburg nicht unähnliche Villa namens Fonthill. Als eine der führenden Persönlichkeiten der Arts- and-Crafts-Bewegung gründete er eine Kachelfabrik, und Fonthill ist übersät mit seinen farbintensiven handgemalten Kacheln. Das Mercer Museum hütet mehr als 50 000 Werkzeuge und Alltagsobjekte aus den Anfängen des amerikanischen Kunsthandwerks, Handwerks und Handels. Sie möchten Ihre eigene Sammlung um typisch amerikanische Vintage-Objekte erweitern? Überqueren Sie den Fluss nach Lambertville. Seine Uferpromenade ist Schauplatz des berühmten Lambertville-Antiquitätenmarkts und des Golden-Nugget-Antiquitäten-Flohmarkts.

VON DER NATUR INSPIRIERT

Hudson River Valley: Uralte Landschaft, moderne Kunst

- Dia: Beacon
- Pig Hill Inn
- East Side Kitchen

Beacon, ein kleiner Ort aus dem 18. und 19. Jh., liegt, von so mancher Modewelle unberührt, rund 100 Kilometer nördlich von New York am Hudson-Ufer. Aber lassen Sie sich nicht täuschen! Die schläfrige Kleinstadt ist das neue Zuhause der Dia Art Foundation, die bedeutende Kunstwerke aus der Zeit nach 1960 bis zur Gegenwart zeigt. Dank Dia ist Beacon zu einem Brennpunkt in der Welt der Kunst geworden. Das Museum, ein Gemeinschaftswerk der Kunstlegende Robert Irwin und der in New York ansässigen Architekten des Projekts, Open Office, hat eine historische Druckerei am Ufer des Hudson bezogen. Das 1929 errichtete Fabrikgebäude erwies sich als perfekte Bühne für Gegenwartskunst. Auch die Umgebung ist spannend: Eine bunt wuchernde Kunstszene hat Kunstschaffende und Galerien in die Fabrikgebäude gelockt, und die Main Street flankieren Dutzende Vintage-Shops.

Es empfiehlt sich, sein Lager 16 Kilometer südlich im anheimelnd malerischen Dorf Cold Spring aufzuschlagen. Auch hier säumt unter kunstvoll verzierten Fassadensimsen ein hübsches Nebeneinander an Antiquitätenläden, Buchhandlungen und Teestuben die Hauptstraße. Das eigentliche Highlight aber verbirgt sich am Ende der Straße, dort, wo sie auf den Fluss trifft: Die Aussicht flussaufwärts und flussabwärts, wo das Flussbett schmaler und tiefer wird, und der Blick auf die urzeitlich-monumentalen Granitmassen im dichten grünen Wald am gegenüberliegenden Ufer sind atemberaubend.

Das Pig Hill Inn an der Hauptstraße ist als Herberge eine ausgezeichnete Wahl. Die neun Zimmer in dem Ziegelgebäude von 1820 sind mit allerlei Antikem ausgestattet, das man auch käuflich erwerben kann. Wie wäre es mit Frühstück im Himmelbett? Oder lieber im Speisezimmer oder im stillen Garten hinter dem Haus? Und sollte Ihnen im Laufe des Tages der Sinn nach einem Snack stehen, schlendern Sie einfach die Straße entlang und gönnen sich im East Side Kitchen einen Milchshake oder einen Burger.

KÜSTEN-SCHICK

East Hampton: Meereskulisse

- Glen Horowitz Bookseller
- Haus und Atelier von Jackson Pollock
- The Dan Flavin Art Institute
- Sunset Beach Hotel / The 1770 House

Das East End von Long Island: Das sind herrliche breite, helle Sandstrände mit Dünengras vor niedrigen Lattenzäunen. Zwischen Mai und September strömen nervöse New Yorker, die »mal alles hinter sich lassen müssen«, in Scharen hierher. Leute wie Sean »Puffy« Comba und Steven Spielberg besitzen hier riesige Herrenhauskopien. Diese Anwesen haben die weiten, ebenen Kartoffelfelder verdrängt, die sich früher bis an den Atlantik erstreckten. Trotzdem, das klare Licht, der Charme der Holzhäuser in Dörfern wie Amagansett und das erfrischende »Ende-der-Welt-Gefühl« sorgen dafür, dass die Hamptons ein herrlicher Zufluchtsort bleiben. East Hampton mit seinen Boutiquen und Nippesläden ist von New York aus leicht mit Bus oder Zug erreichbar. Direkt nördlich, in dem Weiler The Springs, steht das Haus und Atelier, in dem Jackson Pollock von 1946 bis zu seinem Tod seine bedeutendsten Arbeiten schuf. Das Haus wurde im Urzustand belassen. So kann man in der Jazzplattensammlung und der Bibliothek des Künstlers stöbern und die Farbkleckse auf dem Boden bewundern. In Bridgehampton, westlich von East Hampton, zeigt das Dan Flavin Art Institute in einer ehemaligen Feuerwache eine Dauerinstallation von neun Lichtobjekten des Künstlers.

Die meisten New Yorker mieten hier Sommerhäuser – für Kurzaufenthalte gibt es deshalb nur eine Hand voll interessanter Unterkünfte. Eine davon ist das Sunset Beach Hotel von Andre Balasz mit 20 Luxuszimmern auf Shelter Island zwischen der North und der South Fork. Eine andere Option, The 1770 House in der Main Street von East Hampton, liegt in bequemer Nähe zu den Boutiquen und dem Egypt Beach. Die Designerin Laura Maerov hat das Gasthaus neu eingerichtet und, indem sie traditionelle Tapeten, Holztäfelungen und eine eklektische Sammlung von Antiquitäten kombinierte, jedem Raum eine reizvolle Note verliehen. Im Restaurant des Hauses serviert Starkoch Kevin Penner jahreszeitlich wechselnde amerikanische Küche.

Adressen-verzeichnis

Die Landesvorwahl der USA lautet 001, dann folgt die zehnstellige Rufnummer. Bei Gesprächen innerhalb des Landes muss vor allen hier angegebenen Telefonnummern eine »1« vorgewählt werden (auch bei Telefonaten innerhalb New Yorks).

Abyssinian Baptist Church 90
132 Odell Clark Place
New York, NY 10030
T 212 862 7474
F 212 862 3255
W www.abyssinian.org

Ace Gallery 17
275 Hudson Street
New York, NY 10013
T 212 255 5599

aka Café 60
49 Clinton Street
New York, NY 10002
T 212 979 6096

Albanese Meats and Poultry 21
238 Elizabeth Street
New York, NY 10012
T 212 966 1788

Algonquin Hotel 74
59 West 44th Street
New York, NY 10036
T 212 840 6800
W www.thealgonquin.net

Alife 58
178 Orchard Street
New York, NY 10002
T 646 654 0628

Alife Rivington Club 58
158 Rivington Street
New York, NY 10002
T 212 375 8128

Alpana Bawa 56
41 Grand Street /
70 East 1st Street
New York, NY 10013
T 212 965 0559
F 212 965 0560
W www.alpanabawa.com

American Folk Art Museum 75
45 West 53rd Street
New York, NY 10019
T 212 265 1040
E info@folkartmuseum.org
W www.folkartmuseum.org

Anchorage 63
Brooklyn Bridge
Cadman Plaza West, Hicks Street/
Old Fulton Street
Brooklyn, NY 11201
T 212 206 6674
W www.creativetime.org

Angel Orensanz Foundation Center for the Arts 60
172 Norfolk Street
New York, NY 10002
T 212 780 0175
E info@orensanz.org
W www.orensanz.org

Angel's Share 156
8 Stuyvesant Street
New York, NY 10003
T 212 777 5415

Annex Antiques Fair and Flea Market 38
Sixth Avenue, zwischen 24th und 26th Street
New York, NY 10003
T 212 243 5343

The Apartment 27
101 Crosby Street
New York, NY 10012
T 212 219 3661
F 212 219 3683
E speakout@theapt.com
W www.theapt.com

Apple Store 28
103 Prince Street
New York, NY 10012
T 212 226 3126
W www.apple.com/retail/soho

APT 44
419 West 13th Street
New York, NY 10014
T 212 414 4245
E info@aptwebsite.com
W www.aptwebsite.com

Artists Space 22
38 Greene Street, 3rd Floor
New York, NY 10013
T 212 226 3970
F 212 966 1434
E artspace@artistsspace.org
W www.artistsspace.org

Asia Society 83
725 Park Avenue
New York, NY 10021
T 212 288 6400
F 212 517 8315
W www.asiasociety.org

Auto 167
805 Washington Street
New York, NY 10014
T 212 229 2292
F 212 517 8315
E info@thisisauto.com
W www.thisisauto.com

Balthazar 22
80 Spring Street
New York, NY 10012
T 212 965 1785
F 212 966 2502
E frontdesk@balthazarny.com
W www.balthazarny.com

Bar 89 22
89 Mercer Street
New York, NY 10012
T 212 274 0989

Barney Greengrass Sturgeon King 136
541 Amsterdam Avenue
New York, NY 10024
T 212 724 4707

Barneys Co-op 162
236 West 18th Street
New York, NY 10011
116 Wooster Street
New York, NY 10012
T 212 593 7800
W www.barneys.com

Barneys 162
660 Madison Avenue
New York, NY 10021
T 212 826 8900
W www.barneys.com

Bayard Building 31
65 Bleecker Street
New York, NY 10012

B Bar (Bowery Bar) 158
40 East 4th Street
New York, NY 10003
T 212 475 2220
F 212 475 9629
W www.bbarandgrill.com

Bed & Breakfast on the Park 116
113 Prospect Park West
Brooklyn, NY 11215
T 718 499 6115
W www.bbnyc.com

Bemelmans Bar 84
Carlyle Hotel
35 East 76th Street
New York, NY 10021
T 212 744 1600
W www.thecarlyle.com

Bid Brasserie 83
1334 York Avenue
New York, NY 10021
T 212 988 7730

Bond 07 168
7 Bond Street
New York, NY 10012
T 212 677 8487
F 212 677 7872
W www.selmaoptique.com

Bond Street 137
6 Bond Street
New York, NY 10012
T 212 777 2500
F 212 777 6530

Bottino 40
246 Tenth Avenue
New York, NY 10001
T 212 206 6766
E info@bottinonyc.com
W www.bottinonyc.com

Bouley 16
120 West Broadway
New York, NY 10013
T 212 964 2525
E bouleyrest@bouley.net
W www.bouley.net

Brasserie 137
100 East 53rd Street
New York, NY 10022
T 212 751 4840
W www.restaurantassociates.com/brasserie

The Broken Kilometer 28
393 West Broadway
New York, NY 10012
W www.diacenter.org

Brooklyn Academy of Music 111
30 Lafayette Street
Brooklyn, NY 11217
T 718 636 4100
E info@bam.org
W www.bam.org

Brooklyn Botanic Garden 108
1000 Washington Avenue
Brooklyn, NY 11225
T 718 623 7200
W www.bbg.org

Brooklyn Bridge und Bridge Café 63
279 Water Street
New York, NY 10038
T 212 227 3344
F 212 619 2368

Brooklyn Inn 108
148 Hoyt Street
Brooklyn, NY 11217
T 718 625 9741

Brooklyn Museum of Art 108
200 Eastern Parkway
Brooklyn, NY 11238
T 718 638 5000
F 718 501 6134
E information@brooklynmuseum.org
W www.brooklynart.org

Café des Artistes 88
1 West 67th Street
New York 10023
T 212 877 3500
F 212 877 6263
W www.cafedesartistesnyc.com

Café Gitane 146
242 Mott Street
New York, NY 10012
T 212 334 9552

Café Habana 21
17 Prince Street
New York, NY 10012
T 212 625 2001
F 212 625 3663

Café Lebowitz 21
14 Spring Street
New York, NY 10012
T 212 219 2399

Café Luxembourg 89
200 West 70th Street
New York, NY 10023
T 212 873 7411

Caffé Roma 154
385 Broome Street
New York, NY 10013
T 212 226 8413

Café Sabarsky 87
Neue Galerie
1048 Fifth Avenue
New York, NY 10028
T 212 288 0665
F 212 645 7127
W www.wallserestaurant.com

Calvin Klein 73
654 Madison Avenue
New York, NY 10021
T 212 292 9000

Campbell Apartment 68
Grand Central Terminal
15 Vanderbilt Avenue
New York, NY 10017
T 212 953 0409

Castor and Pollux 174
67 1/2 Sixth Avenue
New York, NY 10013
T/F 718 398 4141

Cellar Bar 156
The Bryant Park
40 West 40th Street
New York, NY 10018
T 212 642 2260
W www.bryantparkhotel.com

Centro Fly 37
45 West 21st Street
New York, NY 10010
T 212 627 7770
E mail@centro-fly.com
W www.centro-fly.com

Chambers Hotel 130
15 West 56th Street
New York, NY 10019
T 212 974 5656
F 212 974 5657
E chambershotel@aol.com
W www.chambershotel.com

Chanterelle 146
2 Harrison Street
New York, NY 10013
T 212 966 6960
F 212 966 6143
E information@chanterellenyc.com
W www.chanterellenyc.com

Chelsea Market 38
75 Ninth Avenue
New York, NY 10001
W www.chelseamarket.com

Chibi's Sake Bar 155
238 Mott Street
New York, NY 10012
T 212 274 0054
W www.chibisbar.com

Chrysler Building 70
405 Lexington Avenue
New York, NY 10174
T 212 682 3070

Church Lounge 18
Tribeca Grand Hotel
2 Sixth Avenue
New York, NY 10013
T 212 519 6677
W www.tribecagrand.com

City Bakery 55
3 West 18th Street
New York, NY 10011
T 212 366 1414

City Club Hotel 124
55 West 44th Street
New York, NY 10036
T 212 921 5500
F 212 944 5544
W www.cityclubhotel.com

C.O. Bigelow Apothecaries 48
414 Sixth Avenue
New York, NY 10011
T 212 533 2700
W www.bigelowchemists.com

Comme des Garçons 43
520 West 22nd Street
New York, NY 10011
T 212 604 9200

Commissary 83
1030 Third Avenue
New York, NY 10021
T 212 339 9955
F 212 339 0015
E reservations@commissarynyc.com
W www.commissarynyc.com

Conservatory Gardens 87
Central Park
Fifth Avenue / 105th Street
New York, NY 10029
W www.centralpark.org

Cooper Hewitt National Design Museum 84
2 East 91st Street
New York, NY 10128
T 212 849 8400
E edu@si.edu
W www.ndm.si.edu

Corner Bistro 140
331 West 4th Street
New York, NY 10014
T 212 242 9502

Craft 147
43 East 19th Street
New York, NY 10003
T 212 780 0880

Decibel Sake Bar 56
240 East 9th Street
New York, NY 10003
T 212 979 2733
W www.sakebar.com

Deitch Projects 25
76 Grand Street
New York, NY 10013
T 212 343 7300
18 Wooster Street
New York, NY 10013
T 212 941 9475

DIA Center for the Arts 41
545 & 548 West 22nd Street
New York, NY 10011
T 212 989 5566
F 212 989 4055
W www.diacenter.org

Diane von Furstenberg 48
385 West 12th Street
New York, NY 10014
T 646 486 4800
W www.dvf.com

Diner 138
85 Broadway
Brooklyn, NY 11211
T 718 486 3077

Donald Judd House 24
101 Spring Street
New York, NY 10012

Double Happiness 18
173 Mott Street
New York, NY 10013
T 212 941 1282

Economy Candy 58
108 Rivington Street
New York, NY 10002
T 212 254 1832
F 212 254 2606
W www.economycandy.com

El Quijote 43
226 West 23rd Street
New York, NY 10011
T 212 929 1855

Eyebeam Atelier 43
540 West 21st Street
New York, NY 10012
T 718 222 3982
F 718 222 5621
W www.eyebeam.org

Fanelli's 27
94 Prince Street
New York, NY 10012
T 212 226 9412

First 57
87 First Avenue
New York, NY 10003
T 212 674 3823

Flatiron Building 56
175 Fifth Avenue
New York, NY 10010

Flight 001 48
96 Greenwich Avenue
New York, NY 10011
T 212 691 1001
F 212 691 8660
E info@flight001.com
W www.flight001.com

Florent 47
69 Gansevoort Street
New York, NY 10014
T 212 989 5779
F 212 645 2498
W www.restaurantflorent.com

Four Seasons Bar 159
Seagram Building
99 East 52nd Street
New York, NY 10022
T 212 754 9494
F 212 754 1077
W www.fourseasons
restaurant.com

Frank's Lounge 111
660 Fulton Street
Brooklyn, NY 11238
T 718 625 9339
W www.frankscocktail
lounge.com

Fraunces Tavern 63
54 Pearl Street
New York, NY 10004
T 212 968 1776
F 212 797 1776
W www.frauncestavern.com

The Frick Collection 83
1 East 70th Street
New York, NY 10021
T 212 288 0700
F 212 628 4417
E info@frick.org
W www.frick.org

Gage and Tollner 144
372 Fulton Street
Brooklyn, NY 11201
T 718 875 5181
F 718 243 0222
E gtollner@aol.com
W www.gageandtollner.com

Gagosian Gallery 37
555 West 24th Street
New York, NY 10011
T 212 741 1111
F 212 741 9611
E info@gagosian.com
W www.gagosian.com

Galapagos 99
70 North 6th Street
Brooklyn, NY 11211
T 718 782 5188
E info@galapagosartspace.com
W www.galapagosartspace.com

Gavin Brown's Enterprise 43
436 West 15th Street
New York, NY 10011
T 212 627 5258

Good World Barber Shop 150
3 Orchard Street
New York, NY 10002
T 212 925 9975
W www.goodworldbar.com

Gramercy Park Hotel 120
2 Lexington Avenue
New York, NY 10010
T 212 475 4320
F 212 505 0535
W www.gramercyparkhotel.com

Gramercy Tavern 55
42 East 20th Street
New York, NY 10003
T 212 477 0777
F 212 477 1160

Grange Hall 48
30 Commerce Street
New York, NY 10014
T 212 924 5246
F 212 255 2117

Greenmarket 97
Union Square
East 17th Street / Broadway
New York, NY 10003
W www.cenyc.org

Grocery 108
288 Smith Street
Brooklyn, NY 11231
T 718 596 3335

Guastavino's 84
409 East 59th Street
New York, NY 10022
T 212 980 2455
F 212 980 2904
W www.guastavinos.com

Gucci 69
685 Fifth Avenue
New York, NY 10022
T 212 826 2600
F 212 230 0894
W www.gucci.com

Halcyon 108
227 Smith Street
Brooklyn, NY 11231
T 718 260 9299
E info@halcyonline.com
W www.halcyonline.com

Helmut Lang Perfumerie 28
81 Greene Street
New York, NY 10012
T 212 334 3921
F 212 334 3922
W www.helmutlang.com

Henry Urbach Architecture 38
526 West 26th Street, 10th Floor
New York, NY 10001
T 212 627 0974
F 212 645 7222
E hua@huagallery.com
W www.huagallery.com

Honmura An 28
170 Mercer Street
New York, NY 10012
T 212 334 5253

Hotel Chelsea 126
222 West 23rd Street
New York, NY 10011
T 212 243 3700
F 212 675 5531
W www.hotelchelsea.com

INA 21
Damen:
21 Prince Street
New York, NY 10012
T 212 334 9048
Herren:
262 Mott Street
New York, NY 10012
T 212 334 2210

The Inn at Irving Place 122
56 Irving Place
New York, NY 10003
T 212 533 4600
F 212 533 4611
E inn@innatirving.com
W www.innatirving.com

Isamu Noguchi Garden Museum 102
32-37 Vernon Boulevard
Long Island City, NY 11106
T 718 204 7088
F 718 278 2348
Vorübergehend:
36-01 43rd Avenue
Long Island City, NY 11101
W www.noguchi.org

ISA 163
88 North 6th Street
Brooklyn, NY 11211
T 718 387 3363
F 718 387 3464

Jack Spade 170
56 Greene Street
New York, NY 10012
T 212 625 1820
F 212 925 8477
W www.jackspade.com

Jeffrey 47
449 West 14th Street
New York, NY 10014
T 212 206 1272

Joe's Pub 31
425 Lafayette Street
New York, NY 10003
T 212 539 8777
W www.joespub.com

Junior's 111
386 Flatbush Avenue
Brooklyn, NY 11238
T 718 852 5257

Kate Spade Travel 175
59 Thompson Street
New York, NY 10012
T 212 965 8654
F 212 965 8653
W www.katespade.com

Katz's Deli 145
205 East Houston Street
New York, NY 10002
T 212 254 2246

Kiehl's 169
109 Third Avenue
New York, NY 10003
T 212 677 3171
W www.kiehls.com

King Cole Bar and Lounge 155
St. Regis Hotel
2 East 55th Street
New York, NY 10022
T 212 753 4500
F 212 787 3447
W www.starwood.com/stregis

Kirna Zabete 164
96 Greene Street
New York, NY 10012
T 212 941 9656
E info@kirnazabete.com
W www.kirnazabete.com

Knitting Factory 18
74 Leonard Street
New York, NY 10013
T 212 219 3006
W www.knittingfactory.com

Kush 60
183 Orchard Street
New York, NY 10002
T 212 677 7328

La Luncheonette 44
130 Tenth Avenue
New York, NY 10011
T 212 675 0342

Language 21
238 Mulberry Street
New York, NY 10012
T 212 431 5566
F 212 966 3994
E service@language-nyc.com
W www.language-nyc.com

Lenox Lounge 90
288 Lenox Avenue (Malcolm X Boulevard)
New York, NY 10027
T 212 427 0253
E info@lenoxlounge.com
W www.lenoxlounge.com

Li-Lac Chocolates 48
120 Christopher Street
New York, NY 10014
T 212 242 7374
F 212 366 5874

Lincoln Center for the Performing Arts 89
65th Street / Columbus Avenue
New York, NY 10023
T 212 875 5456
W www.lincolncenter.org

Linda Dresner 72
484 Park Avenue
New York, NY 10022
T 212 308 3177

Liz Christy Garden 31
Nordostecke der Kreuzung
Houston / Bowery Street
New York
W www.lizchristygarden.org

Lot 61 43
550 West 21st Street
New York, NY 10011
T 212 243 6555
W www.lot61.com

The Lowell 128
28 East 63rd Street
New York, NY 10021
T 212 838 1400
F 212 605 6808

Lower East Side Tenement Museum 60
90 Orchard Street
New York, NY 10002
T 212 431 0233
F 212 431 0402
E lestm@tenement.org
W www.tenement.org

Luhring Augustine 38
531 West 24th Street
New York, NY 10011
T 212 206 9100
F 212 206 9055
E info@luhringaugustine.com
W www.luhringaugustine.com

Luxx 101
256 Grand Street
Brooklyn, NY 11211
T 718 599 1000

LVMH Tower 73
19–21 East 57th Street
New York, NY 10022
T 212 931 2000
F 212 931 2099

Magnolia Bakery 48
401 Bleecker Street
New York, NY 10014
T 212 462 2572

Marc Jacobs 172
Men's:
405 Bleecker Street
Marc:
403 Bleecker Street
New York, NY 10014
T 212 924 0026
W www.marcjacobs.com

Mare Chiaro 158
176 Mulberry Street
New York, NY 10013–3722
T 212 226 9345

Matthew Marks Gallery 38
523 West 24th Street
New York, NY 10011
T 212 243 0200
E info@matthewmarks.com
W www.matthewmarks.com

Maxilla and Mandible 87
451 Columbus Avenue
New York, NY 10024
T 212 724 6173
W www.maxillaand mandible.com

Max Protetch Gallery 41
511 West 22nd Street
New York, NY 10011
T 212 633 6999
F 212 691 4342
E info@maxprotetch.com
W www.maxprotetch.com

Mayle 173
252 Elizabeth Street
New York, NY 10012
T 212 625 0406

McSorley's Old Ale House 151
15 East 7th Street
New York, NY 10003
T 212 473 9148

McSweeney's Store 166
429 Seventh Avenue
New York, NY 10001
T 718 499 9884
W www.mcsweeneys.net

Me & Ro 169
239 Elizabeth Street
New York, NY 10012
T 917 237 9215
F 917 237 9219
E meandroretail@rcn.com
W www.meandrojewelry.com

Meet 46
71–73 Gansevoort Street
New York, NY 10014
T 212 242 0990
F 212 242 1952
E info@the-meet.com
W www.the-meet.com

Merc Bar 27
151 Mercer Street
New York, NY 10012
T 212 966 2727
F 212 996 3329
W www.mercbar.com

Mercedes-Benz Showroom 73
430 Park Avenue
New York, NY 10022
T 212 629 1666

Merchant's House Museum 31
29 East 4th Street
New York, NY 10003
T 212 777 1089
F 212 777 1104
E nyc1832@ merchantshouse.com
W www.merchantshouse.com

Metropolitan Museum of Modern Art 84
1000 Fifth Avenue
New York, NY 10028
T 212 535 7710
W www.metmuseum.org

MoMA QNS 102
4520 33rd Street
Long Island City, NY 11101
T 212 708 9400
E info@moma.org
W www.moma.org

Momenta Art 98
72 Berry Street
Brooklyn, NY 11211
T 718 218 8058
W www.momentaart.org

The Morgan Library 68
29 East 36th Street
New York, NY 10016
T 212 685 0610
W www.morganlibrary.org

Moss 167
146 Greene Street
New York, NY 10012
T 212 204 7100
F 212 204 7101
E customerservice@ mossonline.com
W www.mossonline.com

Moto 101
394 Broadway
Brooklyn, NY 11211
T 718 599 6895
W www.circa1938.com

Municipal Art Society and Urban Center Books 72
457 Madison Avenue
New York, NY 10022
T 212 935 3960
F 212 753 1816
E info@mas.org
W www.mas.org
Buchhandlung:
T 212 935 3592
F 212 223 2887
E info@urbancenterbooks.com
W www.urbancenterbooks.com

National Arts Club 55
15 Gramercy Park South
New York, NY 10003
T 212 475 3424
W www.nationalartsclub.org

Neue Galerie 87
1048 Fifth Avenue
New York, NY 10028
T 212 628 6200
F 212 628 8824
E museum@neuegalerie.org
W www.neuegalerie.org

New Museum of Contemporary Art 25
583 Broadway
New York, NY 10012
T 212 219 1222
F 212 431 5328
E newmu@newmuseum.org
W www.newmuseum.org

The New York Earth Room 28
141 Wooster Street
New York, NY 10012
W www.diacenter.org

New York Public Library 70
Fifth Avenue / 42nd Street
New York, NY 10018
T 212 930 0830
W www.nypl.org

New York Stock Exchange 62
8 Broad Street
New York, NY 10005
T 212 56 5168
W www.nyse.com

Oak Bar 76
The Plaza Hotel
768 Fifth Avenue
New York, NY 10019
T 212 546 5330

Odeon 141
145 West Broadway
New York, NY 10013
T 212 233 0507

Other Music 31
15 East 4th Street
New York, NY 10003
T 212 477 8150
W www.othermusic.com

Ouest 89
2315 Broadway
New York, NY 10024
T 212 580 8700
F 212 580 1360
W www.ouestny.com

Oyster Bar at Grand Central Station 141
Grand Central Station
Untergeschoss
42nd Street
New York, NY 10017
T 212 490 6650
F 212 949 5210
E info@oysterbarny.com
W www.oysterbarny.com

Oznot's Dish 98
79 Berry Street
Brooklyn, NY 11211
T 718 599 6596

Paley Park 69
5 East 53rd Street
New York, NY 10022

The Park 152
118 Tenth Avenue
New York, NY 10011
T 212 352 3313

Passerby 154
436 West 15th Street
New York, NY 10011
T 212 206 7321

Pastis 46
9 Ninth Avenue
New York, NY 10014
T 212 929 4844

Pearl River Mart 18
277 Canal Street
New York, NY 10013
T 212 431 4770
E info@pearlriver.com
W www.pearlriver.com

Peking Duck House 18
28 Mott Street
New York, NY 10013
T 212 227 1810

Pete's Candy Store 97
709 Lorimer Street
Brooklyn, NY 11211
T 718 302 3770
W www.petescandystore.com

Peter Luger's Steakhouse 139
178 Broadway
Brooklyn, NY 11211
T 718 387 7400
F 718 387 3523
E info@peterluger.com
W www.peterluger.com

Pete's Tavern 55
129 East 18th Street
New York, NY 10003
T 212 473 7676
W www.petestavern.com

Pierogi 2000 99
177 North 9th Street
Brooklyn, NY 11211
T 718 599 2144
W www.pierogi2000.com

Prada 170
575 Broadway
New York, NY 10012
T 212 334 8888

Printed Matter 40
535 West 22nd Street
New York, NY 10011
T 212 925 0325
F 212 925 0464
W www.printedmatter.org

Prune 143
54 East 1st Street
New York, NY 10003
T 212 677 6221

P.S.1 Contemporary Art Center 102
22–25 Jackson Avenue
Long Island City, NY 11101
T 718 784 2084
F 718 482 9454
E mail@ps1.org
W www.ps1.org

Rainbow Grill 76
30 Rockerfeller Plaza
65th Floor
New York, NY 10012
T 212 632 5100
F 212 632 5105
E reservations@cipriani.com
W www.cipriani.com/cipriani/RainbowGrill/grill.htm

Ralph Lauren 83
867 Madison Avenue
New York, NY 10022
T 212 606 2100
W www.polo.com

The Red Cat 44
227 Tenth Avenue
New York, NY 10011
T 212 242 1122
F 212 242 1390
W www.theredcat.com

Relish 101
225 Wythe Avenue
Brooklyn, NY 11211
T 718 963 4546
W www.relish.com

The Roosevelt Island Tramway 84
59th Street / Second Avenue
W www.rioc.com

Russ & Daughters 58
179 East Houston Street
New York, NY 10002
T 212 475 4880
F 212 475 0345
E info@russanddaughters.com
W www.russanddaughters.com

Russian Samovar 75
256 West 52nd Street
New York, NY 10019
T 212 757 0168
F 212 765 2133
E info@russiansamovar.com
W www.russiansamovar.com

Screening Room 157
54 Varick Street
New York, NY 10013
T 212 334 2100
F 212 334 8209
W www.thescreeningroom.com

Seize sur Vingt 171
243 Elizabeth Street
New York, NY 10012
T 212 343 0476
F 212 348 9589
E nyc@16sur20.com
W www.16sur20.com

Seven 60
180 Orchard Street
New York, NY 10002
T 646 654 0156

71 Clinton Fresh Food 60
71 Clinton Street
New York, NY 10002
T 212 614 6960

Seventh Regiment Armory 84
640 Park Avenue
New York, NY 10021

Sherwood Café at Robin des Bois 153
195 Smith Street
Brooklyn, NY 11201
T 718 596 1609
W www.sherwoodcafe.com

Sigerson Morrison 164
28 Prince Street
New York, NY 10012
T 212 219 3893
W www.sigersonmorrison.com

60 Thompson 118
60 Thompson Street
New York, NY 10012
T 212 204 6465
F 212 431 0200
E info@60thompson.com
W www.60thompson.com

Skyscraper Museum 62
39 Battery Place
New York, NY 100280
T 212 968 1961
W www.skyscraper.org

Small's 48
183 West 10th Street
New York, NY 10014
T 212 929 7565
W www.smallsjazz.com

Socrates Sculpture Park 102
Broadway / Vernon Boulevard
Long Island City, NY 11106
T 718 956 1819
F 718 626 1533
W www.socratessculpturepark.org

Solomon R. Guggenheim Museum 87
1071 Fifth Avenue
New York, NY 10128
T 212 423 3500
W www.guggenheim.org

Spoonbill & Sugartown 101
218 Bedford Avenue
Brooklyn, NY 11211
T 718 387 7322
E info@spoonbillbooks.com
W www.spoonbillbooks.com

Standard 57
158 First Avenue
New York, NY 10009
T 212 387 0239
E drink@standardbar.com
W www.standardbar.com

Starrett Lehigh Building 38
601 West 26th Street
New York, NY 10001

Steinway & Sons 76
109 West 57th Street
New York, NY 10019
T 212 246 1100
W www.steinway.com

Steven Alan 165
103 Franklin Street
New York, NY 10013
T 212 343 0692

Steven Salen Tailors 70
18 East 53rd Street
New York, NY 10022
T 212 755 5665

Storefront for Art and Architecture 18
97 Kenmare Street
New York, NY 10012
T 212 431 5795
F 212 431 5755
E info@storefrontnews.org
W www.storefrontnews.org

The Studio Museum in Harlem 90
144 West 125th Street
New York, NY 10027
T 212 864 4500
F 212 864 4800
W www.studiomuseum.org

Submercer 28
Unter dem Mercer Hotel
147 Mercer Street
New York, NY 10012
T 212 966 6060

Supreme 24
274 Lafayette Street
New York, NY 10012
T 212 966 7799

Sylvia's Soul Food Restaurant 90
328 Lenox Avenue
(Malcolm X Boulevard)
New York, NY 10027
T 212 996 0660
F 212 427 6389
W www.sylviassoulfood.com

Tabla 55
11 Madison Avenue
New York, NY 10010
T 212 889 0667
F 212 889 0914

Takashimaya 76
693 Fifth Avenue
New York, NY 10022
T 212 350 0100
F 212 350 0542
W www.ny-takashimaya.com

Teany 150
90 Rivington Street
New York, NY 10002
T 212 475 9190

Ted Muehling 22
27 Howard Street
New York, NY 10013
T 212 431 3825
W www.tedmuehling.com

Temple Bar 159
332 Lafayette Street
New York, NY 10012
T 212 925 4242
W www.templebarnyc.com

TG170 60
170 Ludlow Street
New York, NY 10002
T 212 995 8660
F 212 674 6972
E terri@tg170.com
W www.tg170.com

Théo 17
325 Spring Street
New York, NY 10013
T 212 414 1344

Tiffany & Co. 72
727 Fifth Avenue
New York, NY 10022
T 212 755 8000
W www.tiffany.com

Totem 16
71 Franklin Street
T 212 925 5506
F 212 925 5082
83 Grand Street
T 212 219 2446
F 212 219 2780
New York, NY 10013
E info@totemdesign.com
W www.totemdesign.com

Town 142
Chambers Hotel
15 West 56th Street
New York, NY 10019
T 212 582 4445
W www.townnyc.com

Tribeca Grand Hotel 132
2 Sixth Avenue
New York, NY 10013
T 212 519 6677
W www.tribecagrand.com

Tribeca Issey Miyake 17
119 Hudson Street
New York, NY 10013
T 212 226 0100
F 212 428 6758
W www.isseymiyake.com

Unis 21
226 Elizabeth Street
New York, NY 10012
T 212 431 5533

United Nations Headquarters 70
First Avenue / 46th Street
New York, NY 10017
T 212 963 8687
E inquiries@un.org
W www.un.org/tours

Ursus Rare Books 84
Carlyle Hotel
981 Madison Avenue
New York, NY 10021
T 212 772 8787
F 212 737 9306
W www.ursusbooks.com

Vesuvio Bakery Shop 28
160 Prince Street
New York, NY 10012
T 212 925 8248

Visionaire 22
11 Mercer Street
New York, NY 10013
T 212 274 8959
F 212 343 2596
W www.visionaireworld.com

Vitra Showroom 43
29 Ninth Avenue
New York, NY 10014
T 212 929 3626
F 212 929 6424
W www.vitra.com

WD-50 60
50 Clinton Street
New York, NY 10002
T 212 477 2900

Wild Lily Tearoom 43
511 A West 22nd Street
New York, NY 10011
T 212 691 2258
F 212 691 7985
W www.wildlilytearoom.com

Zabar's 88
2245 Broadway
New York, NY 10024
T 212 787 2000
F 212 580 4477
E info@zabars.com
W www.zabars.com

Ziegfeld Theater 76
141 West 54th Street
New York, NY 10019
T 212 765 7601
W www.clearviewcinemas.com

CATSKILL MOUNTAINS 178

In Saugerties gibt es keinen Bahnhof. Nehmen Sie von der Penn Station den Amtrak-Zug nach Rhinecliff (23 km östlich von Saugerties) oder von der Grand Central Station den MetroNorth-Zug nach Poughkeepsie und von dort ein Taxi nach Saugerties. Mit dem Auto fährt man etwa 1 Std. 45 Min. das Westufer des Hudson River hinauf, zunächst auf dem Palisades Parkway, dann auf dem New York State Thruway North (I-87). Die Villa at Saugerties befindet sich außerhalb der Stadt. Detaillierte Informationen finden Sie auf der Website.

Storm King Art Center
Old Pleasant Hill Road
Mountainville, NY 10953
T 845 534 3115
W www.stormkingartcenter.org
Geöffnet April–Dezember, Mittwoch–Sonntag

Café Tamayo
89 Partition Street
Saugerties, NY 12477
T 845 246 9371
E tamayo@ulster.net
W www.cafetamayo.com

The Villa at Saugerties
159 Fawn Road
Saugerties, NY 12477
T 845 246 0682
E upstatevilla@aol.com
W www.thevillaatsaugerties.com
Zimmer ab 140 $

BUCKS COUNTY 180

Vom Port-Authority-Busbahnhof verkehren Busse nach Frenchtown in Pennsylvania. Nehmen Sie von dort ein Taxi nach Erwinna (ca. 2 km), wo sich das EverMay on the Delaware befindet. Busfahrpläne unter www.transbridgebus.com/sched_frenchny.htm

EverMay on the Delaware
River Road, Erwinna
Bucks County, PA 18920
T 610 294 9100
E info@evermay.com
W www.evermay.com
Zimmer ab 160 $

Fonthill
East Court Street/Swap Road (Route 313)
Doylestown, PA 18901
T 215 348 9461
W www.mercermuseum.org/fonthill

The Mercer Museum
84 South Pine Street
Doylestown, PA 18901
T 215 230 0823
W www.mercermuseum.org/mercermuseum

Golden Nugget Antique Flea Market
1850 River Road
Lambertville, NJ 08530
T 609 397 0811
E info@gnmarket.com
W www.gnmarket.com

Lambertville Antique Flea Market
1864 River Road
Route 29 (1,5 km südlich von Lambertville)
Lambertville, NJ 08530
T 609 397 0456

HUDSON RIVER VALLEY 182

Von der Grand Central Station verkehrt die MetroNorth-Linie nach Beacon. Fahren Sie von dort eine Station zurück in Richtung New York, nach Cold Spring. Autofahrer nehmen den Palisades Parkway North, überqueren die Bear Mountain Bridge und nehmen die Route 9D Richtung Norden nach Beacon (ca. 1,5 Std.).

Dia: Beacon
3 Beekman Street
Beacon, NY 12508
T 212 989 5566
E info@diabeacon.org
W www.diabeacon.org

Pig Hill Inn
73 Main Street
Cold Spring, NY 10516
T 845 265 9247
E pighillinn@aol.com
W www.pighillinn.com
Zimmer ab 145 $

East Side Kitchen
124 Main Street
Cold Spring, NY 10516
T 845 265 7223
W www.eastsidekitchen.com

EAST HAMPTON 184

Autofahrer nehmen die I-27 entlang der »South fork« von Long Island nach Bridgehampton und East Hampton. Nach Shelter Island verkehrt ab Sag Harbor eine Fähre. Die Zugfahrt von der Penn Station nach East Hampton (mit der LIRR) dauert etwa 2,5 Std., weitere Informationen unter 718 217 5477. Sie können auch mit dem Hampton-Jitney-Bus fahren: Informationen unter 631 283 4600 oder 800 936 0440.

Glen Horowitz Bookseller
87 Newtown Lane
East Hampton, NY 11937
T 631 324 5511

Pollock-Krasner House
830 Fireplace Road
East Hampton, NY 11937
T 631 324 4929
W www.naples.cc.sunysb.edu/CAS/pkhouse.nsf

The Dan Flavin Art Institute
Corwith Avenue off Main Street
Bridgehampton, NY 11932
T 631 537 1476
W www.diacenter.org/ltproj/flavbrid
Geöffnet Mai–September

Sunset Beach Hotel
35 Shore Road
Shelter Island, NY 11965
T 631 749 2001
F 631 749-1843
Zimmer ab 245 $

The 1770 House
143 Main Street
East Hampton, NY 11937
T 631 324 1770
W www.1770house.com
Zimmer ab 250 $